아이와 세계를 걷다 1

오스칼

https://brunch.co.kr/@kal-jaroo

발 행 | 2021-03-15

저 자 | 오스칼

펴낸이 | 한건희

펴낸곳 | 주식회사 부크크

출판사등록 | 2014.07.15(제2014-16호)

주 소 | 서울 금천구 가산디지털1로 119, A동 305호

전 화 | 1670 - 8316

이메일 | info@bookk.co.kr

ISBN | 979-11-372-3945-6

본 책은 브런치 POD 출판물입니다.

https://brunch.co.kr

www.bookk.co.kr

아이와 세계를 걷다1

터키, 그리스, 영국, 아일랜드, 프랑스, 이탈리아 여행기

오스칼 지음

CONTENT

여행을 좋아하는 당신에게 소개합니다.

이제는 혼자가 아니고 아이가 생겨 떠나기를 주저하는 당신에게

젊었던 그 모습을 떠올리게 하며 세상 밖으로 나가

드넓은 세계에서 문화와 역사를 만나고 잊고 있던 당신에게

이야기를 전합니다.

아이가 어려 망설이고 있는 당신에게 잊고 있던 청춘 가득했던

나를 찾게 해주고 아이에게는 새로운 곳에서 새로운 사람과

새로운 시선을 만나게 해줄 수 있습니다.

이제는 주저하지 말고 과감히 떠나보세요.

함께 손을 잡고 가는 아이도 어느새 커서

당신과 이야기를 할 겁니다.

새로운 곳에서 만날 기대와 겪게 되며 느끼는 설렘을

나누며 여행이 주는 기쁨을

아이와 함께 누리시길 바랍니다.

그리고

이 여행을 함께 계획하고, 준비하고, 또 걸었던 아내와

묵묵히 챙겨주고 함께 이국(異國)의 거리를 걸었던 어머니,

세상 밖을 보여줄 수 있는 기쁨을 준 아이에게 이 글을 전합니다.

이제는 아이와 세계 속으로

세상 밖 여행을 준비하며

여행이란 말은 항상 가슴을 뛰게 하는 단어이다. 결혼하기 전에는 혼자 배낭을 짊어지고 이곳저곳 다니면서 여행을 많이 다녔다. 오죽하면 어머니가 역마살 있는 것 같다고 하셨으니 말이다. 물론 여행을 업으로 삼아서 다니는 전문 여행인 정도는 결코 아니고 남들보다 조금 여행을 사랑하고 좋아하는 수준이었다. 국내든 해외든 주로 내가 여행하는 곳은 역사를 좋아했기에 유적지, 오래된 도시가 많았다. 짧게는 5일, 길게는 2주 정도 싼 게스트하우스, 유스호스텔에서 숙박을 하며 아침 일찍 나와 거리를 배회하고 구경하고, 저렴한 가게에서 식사를 하며 밤이 되도록 걷고 또 걷는 여행을 했다. 혼자서 여행을 많이 다녔는데 오래 걷고, 유적과 유물을 오래 보고 하는 스타일에 맞는 친구를 만나기가 쉽지 않았다. 그래서 혼자 여행 다니는 것에 익숙했고 그러한 여행 스타일은 결혼하기 전까지 정형화되어 나의 여행 구조를 만들었다.

이러한 여행을 하는 건 내가 있는 공간이 아닌 다른 공간에 사는 사람들이 나와 같은 시간을 공유하며 어떻게 사는지 보는 즐거움도 있었고, 그 공간에 있었지만 시간이 달라 만날 수 없었던 옛사람들의 자취를 살펴보는 것도 설레는 일이었기 때문이다. 그렇기에 여행은 내 인생에서 중요한 부분을 차지했고 이런 여행 방식이 결혼해서 뒤바뀔 줄을 그때는 몰랐다. 2013년 소중한 사람을 만나 결혼을 하게 되었고 2014년에 아이가 태어났다. 일을 하게 되고 결혼을 하게 되면서 그러한 여행 방식은 고집할 수 없는 나의 기억에 자리 잡은 추억이 되었고 결혼해서 여행은 일단 아내가 가고 싶은 지역을 고르면 나는 아내가 하자는 대로 맞춰서 다니게 되었다. 생각해보면 결혼하기 전에 그렇게 다녔기에 여행에 대한 욕심이랄까, 꼭 예전 방식으로 다녀야 한다는 것이 사라지면서 맞춰가게 된 것 같다. 그리고 아내도 나의 여행 스타일에 비슷한 코드를 가지고 있었기에 함께 다니기 좋았다. 임신을 하고 나서는 멀리 나갈 수 없기에 국내 여행지로 시간이 날 때 며칠씩 다녔다. 우리 둘 다 여행에 대해서는 인생의 중요한 부분으로 담고 싶어 했기에 경제적으로 절약을 해서 일정 부분을 여행 통장에 꾸준하게 저금했다. 그리고 그 돈을 모아서 여행을 다녔다. 아내와 함께 다니면서 여행이란 것이 어디를 가느냐도 중요하지만 누구와 가느냐가 더 중요하다는 것을 깨닫게 되었다.

아이가 태어나서는 한동안 다니지 못하다가 생후 10개월이 지난 2015년에 아이와 함께 첫 해외여행을 준비하게 되었다. 돌이 가까워졌으니 충분히 데리고 나갈 수 있다고 자신감이 조금 생기기도 했고 밖에 나가고 싶어서 몸이 근질근질한 것도 있었다. 그렇게 아이를 데리고 가는 첫 해외여행이었기 때문에 그에 대한 준비도 필요했다. 여행지도 아이가 다닐 수 있는 안전하면서 기후가 적당한 나라를 골라야만 했다. 그래서 먼저 추운 나라는 제외하고 따뜻한 쪽으로 잡아야 했다. 그리고 치안도 좋고, 혹시 아이가 아프면 데리고 갈 수 있는 의료시설이 있는 나라여야 했다. 두 번째는 음식도 입에 맞고 아이와 함께 식사하는 데 불편함이 없는 나라여야 했다. 그래서 처음에는 동아시아 위주의 나라를 선정해 갔다. 세 번째는 이동하는데 있어서 불편함이 없어야 했다. 비행기 거리도 그렇지만 나라 안에서 이동도 불편하지 않아야 했다. 가족끼리 여행을 가는 데 있어서 아이가 생기니 무엇보다 우선 신경 쓰게 되는 점은 아이가 되어 아이 위주로 생각할 수밖에 없었다.

더군다나 아직 제대로 걷지도 못하는 아이를 데리고 가는 거라 여행을 가는 만큼 준비를 철저히 하기로 했다. 그래서 소아과에 가서 여행 가기 전에 소화제, 감기약 등을 처방받아 준비했고, 아이를 안고 다니기 위해 아기띠도 준비해서 가기로 했다. 유모차는 오히려 번거로울 듯해서 과감히 빼고 내가 이동할 때에는 안고 다니기로 했다. 유모차를 안 가지고 간 것은 탁월한 선택이었다. 오히려 짐이 되어 이동할 때 불편했을 것 같았고 박물관이나 관람하는 곳에서는 대여해주는 유모차가 제법 있었기 때문이다. 아이 용품은 최소한으로 챙겨서 짐을 알뜰하게 쌌다. 가장 중요했던 여권 만들기는 증명사진이 필요했는데 제대로 몸을 가누지 못해서 집에 있는 카메라로 벽 앞에 앉혀 몇 장 찍은 다음 그나마 나은 것으로 해서 만들었다. 아이는 성장이 빠르기에 최대 여권이 5년밖에 되지 않는다. 도청에서 처음 아이 여권을 만드는데 대한민국 국민의 일원이 된 기분이었다. 그렇게 아이와 가는 첫 해외여행에 대한 설렘과 기분 좋은 긴장감을 마음에 담고 아이와 함께 세계 속으로 들어갈 준비를 했다.

우리나라에서 비행 시간이 멀지 않은 나라를 가보고 이어서 멀리 떨어진 유럽과 북미 지역도 도전해보기로 했다. 중국, 일본은 비행시간이 가깝고 동남아시아는 아이가 있다면 휴양을 목적으로 가는 경우가 많아서 어린아이를 데리고 가는 사람들이 종종 있는데 나와 아내는 그런 경험을 조금 더 살려 멀리 나갈 계획을 세웠다. 기실 아이를 데리고 간다고 해서 아이가 그곳을 전부 기억하고 느끼고 하는 것은 아니겠지만 사진으로 남아 추억으로 계속 이야기할 수 있고, 아이도 편린으로 남아 기억을 끄집어내어 이야기하고 가족 안에서 꽃 피울 수 있는 추억이 된다는 기쁨과 가족이 함께 먼 곳으로 여행하면서 끈끈해지는 가족애가 생기기도 했다. 그리하여 만 3살 때에는 터키와 그리스를 데리고 갔고, 만 4살 때에는 서유럽 지역을 여행하고 왔다. 그리고 그 이후에도 우리 가족의 여행은 계속 되었고, 앞으로의 계획도 계속 짜여 있어서 가족 안에서 함께 공유하는 인생의 큰 기쁨이자 행복이 되었다.

지금 코로나 19로 인해 전 세계가 멈춰있는 상황에서 언제 다시 꿈꿀 수 있는 일인지는 모르겠지만, 하루가 다르게 커나가는 아이와 함께 이렇게 여행을 하는 것이 큰 행복이고 아이도 여행을 계속 다니면서 쓰는 언어, 행동이 달라지는 놀라움을 주며 아이에게 큰 배움으로 자리 잡고 있기에 한번 떠나는 것이 마음 내는 것이 어렵지 시작했다면 많은 행복을 가져다 주는 것임에 틀림없다. 시간이 없다면 짧게 하루, 이틀 다녀와도 되고 지금처럼 해외로 가는 것이 어렵다면 국내에서 여행을 즐기는 방법도 많이 있기 때문에 여행을 꿈꾸는 것이 계속 될 것이다. 공항에 도착했을 때의 설렘, 이국적인 풍광이 눈앞에 그려졌을 때의 감동, 색다른 음식을 입에 넣었을 때의 환희를 어서 느끼고 싶다.

만 3살 아이와 11시간 넘는 비행을 함께

2018년 1월 7일(1일째)-아타튀르크 공항

아이와 처음 같이 떠났던 홍콩과 마카오 여행 이후로 일본 오키나와, 그다음은 중국 상하이, 항저우, 난징 등을 다녀왔다. 오키나와를 갈 때에는 렌트를 해서 편하게 다닐 수 있었고, 중국에서도 크게 무리하지 않고 대중교통을 활용하면서 소소한 여행을 즐겼다. 이러한 여행은 우리나라에서 그리 멀지 않은 3시간 정도 거리에 있는 곳이었고 같은 동아시아에 문화적인 차이도 크지 않았으며 음식도 큰 차이가 없어서 입맛에 그렇게 안 맞거나 하는 경우가 없었다. 더군다나 대한민국에 대한 이해도 높았던 곳들이기에 여행 다닐 때 국내 여행만큼은 아니어도 편하게 다닐 수 있었다.

아이도 커서 돌이 지나 걷고 뛰고 어느 정도 자신의 생각을 말로 표현하는 나이가 되었다. 물론 여행을 갈 때 같이 준비하거나 아는 나이가 된 것은 아니었지만 몇 번 가까운 곳을 여행한 자신감을 바탕으로 더 멀리 여행을 떠나기로 했다. 사실 아이보다는 아내와 나의 여행하고 싶은 마음이 더 컸다. 우리 가족이 매월 저축하여 만든 여행 통장에도 어느 정도 돈이 쌓여 여유 자금이 조금 생기기도 해서 과감히 실행에 옮겼다.

그래서 우리 가족 최초로 장기 여행 계획을 세우게 되었고 그 첫 번째 장소로 터키와 그리스를 골랐다. 터키와 그리스를 고른 이유는 무엇보다 나의 의견이 가장 컸다. 역사를 좋아하는 나로서 터키는 동서양의 문화를 가로지르는 중심에 있었으며 과거 비잔틴 제국의 쇠락과 오스만 제국의 영광이 함께하는 나라이면서 현재는 이슬람 문화 국가로 물가도 그리 비싸지 않아 여행하기 좋은 국가이기 때문이다. 그리스는 두말하면 잔소리인 서양 문명의 근원으로서 수많은 신전, 석상이 즐비한 나라이기에 인접한 두 나라를 묶어서 여행을 떠나면 좋겠다고 의견을 내었다. 아내는 그곳보다는 잘 알려진 서유럽을 가고 싶어 했지만 결국 나의 의견을 받아들이면서 성사되었다. 기간은 15박 16일로 우리 가족 여행 역사상 가장 긴 여행 기간을 자랑했다. 가는 인원은 나와 아내, 어머니 그리고 아이까지 4명이었다.

그에 따라 준비하는 기간도 길어졌는데 먼저 한국에서 터키 이스탄불까지 왕복 항공권을 결제하고 숙박은 기본적인 루트가 정해지면 예약을 했다. 터키 이스탄불로 입국하고 그리스 아테네로 출국하고 싶었지만 아테네에서 우리나라에 오는 직항이 없기 때문에 결국 이스탄불을 마지막에 들러서 오기로 했다. 아테네가 생각보다 우리나라에서는 마이너한 여행지라는 것을 이때 알았다. 그렇게 항공권을 결제하자 루트는 터키 이스탄불에서 시작해서 카파도키아의 벌룬 투어가 있는 괴레메, 에페소스가 있는 셀축을 돌고 이즈미르로 간 다음 그리스 아테네로 넘어가기로 했다. 그리스에서는 아테네, 코린토스, 메테오라, 산토리니를 돌고 다시 아테네, 터키 이스탄불로 해서 한국으로 돌아오는 일정이었다.

총 8개의 도시를 거치는 16일간의 일정이라 여행 숙소 잡는 것에 있어서 세탁을 생각 안 할 수가 없었다. 그전까지는 군이 세탁을 할 필요가 없었는데 이번에는 2주가 넘는 일정이라 세탁을 꼭 해야만 했다. 이때는 코인 세탁소를 이용할 줄 몰랐고 비용을 절감하기 위해서 요리도 할 겸 에어비앤비를 잡아서 묵기로 했다. 그래서 숙소를 잡을 때 조리 기구도 있어야 하지만 세탁기가 있는지도 살펴서 예약을 했다. 물론 아이도 함께 가야 하기 때문에 아이가 머물 수 있는 공간인지도 고려해야 했다.

사전 준비를 위해서 충분히 그 나라들에 대해 공부도 했지만 먼저 소아과에 들러 아이 약을 처방받았다. 특별히 아픈 곳은 없었지만 긴 여행으로 인해 염려가 되어 저번처럼 소화제와 감기 해열제 등을 가져갔다. 의사 선생님은 혹시 아프면 꼭 여행지 병원에 가보라고 신신당부하셨다. 우린 소화제, 감기 해열제, 가루 기침약, 연고 등을 챙겨서 준비했다. 그리고 항공권, 숙박 예약서 등도 꼼꼼하게 챙겨갔다. 아이는 어느덧 5살이 되어 더 이상 아기띠를 할 수 없었다. 잘 뛸 수 있는 나이는 되었지만 오래 걷는 것은 힘들어하기 때문에 길을 걸을 때에는 안거나 목마 태우고 다니기로 했다. 아내와 나의 여행 스타일이 휴양하면서 즐기는 것이 아니라 이곳저곳 기웃거리고 보면서 찾아가는 스타일이기 때문에 진정 여행자로서 아이도 함께 따라가야 했다.

캐리어는 나의 놀이터

1월 7일 오후 2시 15분 비행기였는데 3시간 전에 공항에 도착하기 위해 우리 가족은 아침 7시 20분에 공항 가는 리무진 버스에 몸을 실었다. 아침 햇살을 가르고 버스는 인천 국제공항에 도착했다. 탑승 수속을 마친 다음에 오후 2시 15분이 되자 이스탄불을 향해 비행기는 이륙했다. 11시간이 넘는 비행시간을 어떻게 견뎌야 할지 걱정이 앞섰다. 비행기 안에서 아이는 처음으로 화면이 있는 좌석에 앉아보았다. 승무원께서 아이에게 작은 선물도 주고, 헤드폰도 챙겨주셔서 아이는 신나는 마음으로 여행을 시작했다. 아직 우리가 어디 가는지도 확실히 모르고 그저 비행기 타고 어디 멀리 간다는 것만 인지했다. 그리고 어린이집을 안 간다는 사실에 기뻐하기도 했다. 아이는 자기 자리에 앉아서 고사리 같은 손으로 컨트롤러를 만지작거리며 만화 영화를 보기고 하고 게임을 하기도 했다. 게임이야 조작을 못하니 그저 움직이는 것만으로도 신기해하고 좋아했다. 그러다가 기내식이 나오면 먹고 또 놀다가 잠을 자기도 하고 그랬다. 아이보다 적응을 못한 것은 어른들이었다. 나와 아내는 이렇게 장거리가 처음이었다. 어머니는 친구분들 모임에서 유럽을 다녀오신 적이 있기에 나름 적응하셨지만 그래서 긴 비행시간은 견디기 힘들었다. 좌석에 앉아서 영화를 보았다가 다리가 붓는 것 같아서 일어나 통로를 왔다 갔다 하기도 하고 잠시 잠을 청해 보기도 하면서 시간을 견뎠다. 하지만 왜 이리 시간이 안 가는 건지 기내식 2번과 간식을 먹고 잠을 뒤척이고 이리저리 헤매다가 겨우 도착했다. 아이는 세상모르고 쌕쌕 자다가 일어났다.

만 3살의 아이

시차 때문인지 저녁 8시 15분에 이스탄불 아타튀르크 공항에 도착했다. 한국은 이미 밤 12시가 넘은 상황에서 12시간의 비행을 마치고 도착한 터키는 입국 수속부터 이색적인 모습을 물씬 풍겼다. 우리와 생김새도 다른 사람들이 가득 있었고 글씨, 언어, 공기 모두 색달랐다. 새로운 곳을 접할 때 느끼는 첫인상은 나에게 있어서 글자인데 영어 알파벳으로 적히긴 했지만 다른 언어를 보고 터키에 왔음을 실감했다. 많은 사람이 이스탄불에 들어가기 위해 대기 중이라 1시간을 훌쩍 넘기고서야 겨우 이스탄불에 발을 내딛을 수 있었다. 공항 밖으로 나오니 미리 예약해 놓은 택시가 기다리고 있었다. 그 택시를 타고 이스탄불의 밤거리를 가로질렀다. 가로등과 자동차 불빛이 우리를 지나치면서 머나먼 동방에서 온 이방인을 환영해주었다. 이 사람들도 서양, 고대 그리스인들에게는 동방이었는데 우리는 이들에게 동방에서 온 사람들이었다. 30분 넘게 도로를 달려 도착한 이스탄불의 숙소는 호텔이 아닌 일반 집이었다. 이 또한 매우 색다른 경험이었다.

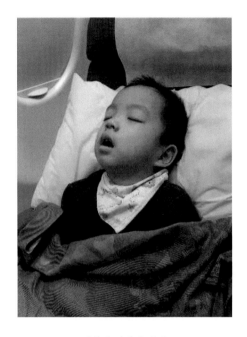
비행기 안에서 꿀잠

현지인이 사는 공간에서 직접 지낼 수 있다는 사실만으로 더 깊은 여행의 밀도를 자랑했다. 늦은 시각이었지만 직접 주인아저씨가 기다리고 있었다. 이런 여행을 여러 번 한 후에야 이 주인아저씨가 정말 친절한 분이었다는 것을 알 수 있었다. 이때 당시에는 다들 피곤하기도 했고 처음이기에 다들 이러나 싶었다. 멋진 콧수염을 기르고 웃음을 보였던 이스탄불 아저씨는 우리를 환영한다면서 터키 귤 한 꾸러미를 건네며 인사했다. 이어서 집 구조와 사용 시설에 대한 설명을 마친 후 가셨다. 우리도 이런 곳에서 잠을 자는 것은 처음이기에 한국에서 작은 선물을 준비해서 건넸다. 그건 누룽지 맛 사탕이었다. 이걸 몇 봉지 사서 만나는 사람들에게 건네주었다. 밤 10시가 가까운 시각이고 다들 장시간 비행기를 타서 서둘러 씻고 난 다음 잠을 청했다. 그런데 내가 자려고 했던 작은 방의 라디에이터가 고장이 나서 어머니, 아내, 아이는 큰 방에서 잠을 자고 나는 거실 소파에서 이불을 덮고 잠을 청했다. 이렇게 지구 반대편에서의 첫날밤이 지나갔다.

인천에서 이스탄불까지

형제의 나라 터키에 도착

이스탄불 아타튀르크 공항의 밤

터키 이스탄불의 구시가지 걷기

2018년 1월 8일(2일째)-이스탄불 구시가지

본격적인 이스탄불의 첫째 날이 밝았다. 이곳이 이슬람의 나라인 것을 알리기라도 하듯이 모스크에서 들려오는 기도 소리에 일찍 잠에서 깰 수 있었다. 간밤에 춥지 않게 잠을 잘 청한 듯하여 상쾌한 기분으로 일어났다. 아침 식사를 해야 했기에 다들 일어나 씻고 난 다음 밖으로 나왔다. 하루를 알차게 보내기 위해서는 먼저 배를 든든하게 채워야 했으니 첫 방문지인 하기야 소피아에 가는 길에 보이는 식당에서 식사하기로 했다. 오랜 역사를 자랑하는 구시가지 골목 안에 자리 잡은 숙소는 나와서 보니 그 풍경이 눈 안에 오롯이 담겼다. 내리쬐는 햇살은 대한민국과 같았으나 보이는 풍경은 저 멀리는 모스크, 가까이는 이스탄불의 골목길이 자리 잡고 있었다.

하기아 소피아를 향해 걷는데 괜찮은 식당이 있길래 무작정 들어갔다. 터키에서 먹는 첫 아침 식사라 기대가 되었다. 자리를 잡고 익숙한 조식 메뉴를 선택해 주문을 했다. 그리고 터키에서 자주 마시는 차도 함께 주문했다. 이윽고 나온 조식은 비슷했으나 빵이 남달랐다. 커다란 빵이 계속해서 리필되는데 저렴한 가격에 놀라고 많은 양에 두 번 놀랐다. 다들 만족스럽게 풍족한 식사를 마치고 거리를 걸었다. 다큐나 여행 프로그램에서나 보던 풍경 속에서 직접 발을 놀려 걷고 있는 모습을 보니 내 모습이 어색하게 느껴지기도 했다. 저 멀리 하기아 소피아가 보였을 때는 약간의 전율이 일어나기까지 했다. 여행 기간 안에서 온전하게 이스탄불을 볼 수 있는 날은 오늘밖에 없어서 열심히 눈에 담으려 했다. 숙소가 구시가지에 있어서 도보로 움직일 수 있는 범위에 여러 유적지가 있는 게 좋았다.

이스탄불은 과거 다들 알다시피 비잔티움으로 불리다가 서기 330년
로마제국의 콘스탄티누스 대제가 수도로 삼으면서 콘스탄티노플이
되었다. 그리고 서로마제국이 멸망하고 로마의 적자로서 이어받은
도시가 바로 이 도시였다. 크리스트교와 그리스 로마 문명의 최선봉
이자 로마를 대신해 정점에 섰던 도시는 서양 문명을 상징하는 도시

로서 난공불락을 자랑했지만 1453년 술탄 메메트 2세에게 점령당하면서 오스만 제국의 수도가 되었다. 오스만 제국이 해체당하고 터키가 된 다음 수도의 지위를 잃었지만, 그 중심 도시로서 수많은 유적지가 산재하고 있다. 그중에 순위를 정한다면 1위를 다투는 유적이 바로 하기아 소피아(아야 소피아)이다. 이 건물은 그리스 정교회를 대표하는 성당으로 537년 유스티니아누스 황제에 의해 지어진 돔 형식의 완벽한 모습을 구현하고 있었다. 예전 이 건물이 어떻게 지어졌는지를 다룬 다큐를 본 적이 있는데 지금도 어려운 거대한 천장의 돔을 구현한 모습을 보니 당시 이 모습을 본 유스티니아누스 황제가 외친 말이 이해가 갔다. 그때 그는 솔로몬을 이겼다며 감격에 부르짖었다고 한다. 후에 오스만 제국에게 정복당해 4개의 첨탑이 세워지고 모자이크 벽화도 회칠로 없어졌으나 지금은 복원 작업이 이루어지고 있어서 사람들에게 박물관으로서 역할을 톡톡히 하고 있다. 미리 표를 사둔 덕분에 편리하게 입장할 수 있었다.

아이는 별다른 관심을 보이진 않았지만 다소 어두컴컴한 실내에 들어가 계단을 오르내리는 것에 흥미를 보였다. 계단을 올라가니 각종 정교회 벽화들과 이슬람 아라비아 글자도 보였다. 한 건물에 존재하는 두 종교의 기묘한 공생 관계가 재미있었지만 결국 이곳을 주관하는 신은 같은 신이라는 사실도 흥미로웠다. 명성이 드높은 유적지답게 세계에서 많은 사람이 찾아와서 구경했다. 저마다의 종교를 가진 다른 복장을 한 사람들이 모여 벽화 하나 단상 하나 놓치지 않고 구경하며 유심히 보는 모습 속에 우리도 열심히 구경했다. 아이는 흥미가 떨어져 계속 안고 다녀야 했지만 그래도 함께 구경하는 즐거움이 있었다.

빵 사고 신난 아이

하기아 소피아에서 나와 인근에 있는 블루 모스크로 걸어갔다. 티끌
하나 없는 하늘과 공기에 마음껏 숨 쉬고 달릴 수 있는 거리였다.
아침에 내렸던 비로 촉촉한 돌이 깔린 거리를 두 발로 걷는 기분은
참 좋았다. 가는 길에 빵을 파는 간이 수레가 있어서 아이가 먹고
싶어 해 샀다. 첫 해외여행 때는 이국적인 음식이 있어도 먹어보질

못했는데 이제는 음식을 맛볼 수 있어서 이렇게 우리나라에 없는 음식을 함께 즐길 수 있었다. 블루 모스크는 술탄 아흐메드 모스크로 이스탄불을 넘어 이슬람 국가인 터키를 대표하는 모스크이다. 겉으로 봐도 푸른색이고 내부도 푸른 타일로 장식되어 있어서 블루 모스크라는 이름으로 잘 알려졌다. 오스만 제국의 술탄이었던 아흐메드 1세가 17세기 초에 완성한 모스크인데 맞은편에 있는 하기아 소피아에 대항하기 위해 거대하게 만들었다는 말이 있다. 두 곳을 가본 나로서 개인적으로 든 생각은 각자의 매력이 있고 색깔이 있기에 비교보다는 같은 신을 다른 모습으로 모시려고 했다는 점이 색다르게 느껴졌다.

안으로 들어가려니 아내와 어머니는 머리를 두건으로 가려야 한다 해서 목도리를 돌돌 말아 얼굴을 감쌌다. 이슬람 국가의 모습을 볼 수 있는 장면이었다. 안에는 이슬람 사원답게 별다른 것이 없었다. 넓은 회랑에 서서 올려다보니 둥근 천장이 화려한 무늬를 뽐내며 빛나고 있었다. 모스크에서 나와 이어 우리나라 경복궁에 비견되는 톱카프 궁전으로 발걸음을 돌렸다. 톱카프 궁전은 오스만 제국의 전성기를 잘 보여주는 궁전으로 하렘으로 특히 유명하다. 보스포루스 해협이 보이는 곳에 위치한 궁전으로 가기 전부터 그 크기에 대해 기대를 잔뜩 했는데 크기는 넓었지만 생각보다 넓지는 않았다. 나도 전제 왕권의 역사를 가진 나라 출신이다 보니 이러한 왕궁의 크기에는 익숙한가 보다. 한때 거주 인원이 5만 명이 넘었다고 하는데 실제로 술탄이 거주하고 신하 및 관료들이 오가던 곳이었기에 사람이 살았던 흔적이 지금도 곳곳에 묻어났다. 가장 기대가 되었던 하렘은 남성 출입이 금지된 여성의 공간인데 술탄과 남성 기능이 없던 환관들만 출입이 가능했다고 한다. 안에 들어가니 일단 긴 복도와 방들이 등장했다. 빛이 잘 들어오는 공간들은 아니라서 굉장히 답답하고 이곳에만 살았던 사람들은 풍족하게 살았을지언정 자연의 공기를 마음껏 마시지 못했기에 속박된 자유에 안타까운 마음이 들었다. 그곳에 자유를 저당 잡힌 아름다운 여성들과 함께하던 술탄의 권력은 동방에 대한 그릇된 환상을 서양인들이 품기에 충분한 듯했다. 아이는 넓은 궁전을 걷는 것이 재미없는지 칭얼대고 힘들어하기도 했다. 그래서 주로 내가 목마를 태워 다녔다. 그러자 내 어깨 위에서 목을 부여잡고 잠을 청하기도 했다. 걷거나 외부 활동이 많아서 그런지 이런 경우가 많이 생겼다.

금남(禁男)의 구역, 하렘의 내부

궁을 나와 그랜드 바자르에 가기 전에 점심 식사를 하기로 했다. 음식점에서 샐러드와 발효 우유, 양고기와 아이란(터키식 요구르트)을 주문해서 먹었다. 터키 음식은 건강한 서양 음식 같다는 인상을 많이 받았다. 그렇게 양념을 많이 하지 않고 담백하면서 유제품을 활용한 건강한 음식이 많아 아이도 함께 즐길 수 있는 식단이었다. 식사를 하고 다들 기운을 차린 다음에 그랜드 바자르로 갔다. 바자르라는 이름으로 알 수 있듯이 거대한 시장이다. 세계에서 가장 크고 오래된 실내형 시장으로 지금의 초대형 마트라고 할 수 있겠다.

15세기에 지어져 지금까지 활용되는 500년이 넘는 역사를 자랑하는 시장이다. 안에 들어가니 무수히 많은 상품이 전시되어 있었다. 조각상, 등불, 카펫, 음식, 가죽, 보석, 도자기 등 없는 것이 없어 보였다. 거대한 시장을 한참 구경하는데 오늘따라 아이가 힘들어해서 안에 있는 카페에 들어가서 차를 마시기로 했다. 들어간 카페도 굉장히 역사가 오래되었는지 벽화가 곳곳에 남아있었다. 나는 곱게 간 커피 원두가 가득한 터키 커피를 주문해 마시고 어머니와 아내는 다른 커피를 주문했다. 아이는 오렌지 주스를 마셨는데 빨대를 쪽쪽 빨던 아이는 나에게도 마셔보라고 주었다. 왜 아빠에게 주냐 물어보니 아빠가 예쁘다고 하는 거다. 그래서 왜 예쁘냐고 물어보니 안아줘서 예쁘단다. 아이의 생각과 대답이 귀엽고 웃겨서 다들 웃음 지었다. 만 3살밖에 되지 않는 작은 아이지만 그 속에 생각이 있고, 또 생각을 전할 언어를 알고 말을 할 줄 안다는 게 알고 있으면서도 신기했다.

아직 시차 적응도 안 끝났는데 나는 하루 종일 아이 안고 다니지만 아내도 길 찾고 안내하느라 바쁘고, 어머니는 그런 우리를 따라다니 느라 바쁘고 다들 애쓴 하루였다. 저녁은 숙소에 들어와서 간단하게 사 온 음식과 한국에서 가져온 컵라면으로 마무리했다. 짭짤한 고향 의 맛에 오늘 하루의 피로가 잊혔다.

하기아 소피아

술탄 아흐메드 모스크

그랜드 바자르 안 카페

이스탄불에서 괴레메로 가는 길

2018년 1월 9일(3일째)-이스탄불 구시가지, 괴레메

이스탄불에서 맞이하는 두 번째 아침이 밝았다. 아침 식사는 간단하게 전날 사온 터키 빵 시미트와 아이란으로 대신했다. 아침부터 터키에서만 맛볼 수 있는 빵과 음료를 먹고 있자니 이스탄불이라는 것이 실감 났다. 먹고 정리한 뒤 문밖으로 나왔는데 옷깃을 여미고 다녀야 하는 우리나라와는 다르게 여기는 그렇게 쌀쌀하지 않아서 입었던 패딩이 다소 무색해질 지경이었다. 지중해성 기후인지 옆 나라 그리스는 정말 따뜻했지만 터키도 추운 날씨가 아니었다. 그렇다고 단벌신사인 나로서는 벗을 수 없었기에 묵묵히 입고 다녔다. 오늘은 오후에 비행기를 타고 괴레메로 이동을 해야 해서 짐을 모두 챙겨서 나와야 했다. 그래서 오전에 둘러볼 곳도 짐을 놓고 다닐 수 있는 박물관으로 정했다.

날은 다소 흐렸지만 적당한 겨울 날씨에 다들 마음은 포근했다. 아이만 빼고 말이다. 겨울이기 때문에 옷을 따뜻하게 입히고자 검은색 패딩 바지를 아침에 입히려고 했는데 안 입겠다고 계속 투정을 부렸다. 옷이 이상한 것도 아니고 재질이 안 좋은 것도 아닌데 고집을 피우면서 안 입으려고 하니 나도 그러면 안아주기와 목마 태우기를 오늘은 안 해주겠다고 선언했다. 그래서 아이도 그것을 받아들이고 조금 두꺼운 면바지를 입었다. 이러한 대화가 오고 간다는 것이 신기할 따름이다. 그래서 박물관까지 가는 내내 묵묵히 간혹 뛰기도 하고 잘 걸어 다녔다. 그리고 첫 목적지인 고고학 박물관 안으로 들어왔다. 이스탄불에서 꼭 가봐야 하는 박물관이라면 이 고고학 박물관이다.

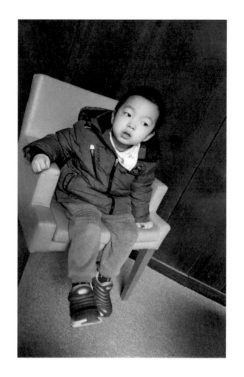

다리가 아파서 앉아 있는 아이

우리가 묵고 있는 숙소에서 그리 멀지 않은 이스탄불 고고학 박물관은 백 만점이 넘는 문화재가 보관되고 있는 곳으로 메소포타미아, 고대 이집트, 아나톨리아 반도를 호령했던 로마, 헬레니즘, 오스만 제국의 문화재들이 있다. 고고학, 고대 동양, 타일 키오스크 박물관으로 구성되어 있는데 그중에 가장 유명한 것은 알렉산더 석관으로 알려진 유물인데 도통 찾아도 보이지 않는 것이다. 그래서 박물관 직원에게 물어보니 전시를 하고 있지 않다는 말이 들려와서 조금 허탈하기도 했다. 그래도 이 지역은 수많은 나라가 오가고 우리나라에서는 보기 힘든 유물이 많았다. 아테네나 로마에 많이 있을 석상을 비롯해 서아시아의 문명을 볼 수 있는 쐐기 문자판, 타일 장식, 도자기 등도 많아 구경하는데 시간이 한참 걸렸다. 그리스 석상 같은 경우는 실제로 본 적이 처음이라 열심히 찍고 있으니 그것을 보고 있는 어머니가 아테네 가면 훨씬 많을 거라고 적당히 찍으라고 말씀하셨다. 아이는 그렇게 구경하고 있는 나에게 아침에 한 말이 있어서 그런지 묵묵히 걸어 다니고 안아 달라는 말을 하지 않았다. 그래서 씩씩하게 걸었지만 힘들었는지 박물관 안에 있는 의자를 보면 잠시 앉자고 계속 이야기하며 앉으려고 했다. 그래서 박물관을 둘러보고 아이와 이야기해서 힘들면 안고, 업고 가기로 했다. 나이가 아직 어리기 때문에 걷는 게 많은 여행에서는 힘들 수 있었다. 그래도 이런 상황이 만들어지는 게 여행에서만 겪을 수 있는 에피소드였다.

이스탄불 고고학 박물관

내리막길이라 캐리어와 아이를 동시에 안고 강제 운동

박물관 관람을 끝낸 다음에 터키의 피자라고 할 수 있는 피데를 먹으러 갔다. 이미 점심시간이 돼서 그런지 식당가에는 많은 사람이 식사를 즐기고 있었다. 그런데 어제부터 느낀 거지만 식당 종업원들이 거의 다 남자들이었다. 여자가 서빙을 보는 식당도 있겠지만 시내에 있는 식당들 종업원은 내가 본 것은 거의 남자들이라 이것이 또 색다르게 느껴졌다. 식당가에서 맛있어 보이는 피데 집에 들어갔다. 피데는 터키의 피자로 할 수 있는데 모양은 바게트처럼 다소 길어서 타원형으로 생겼고 가장자리는 말아 올려있다. 그리고 그 안에 각종 토핑과 치즈를 넣어 구운 음식이다. 가격도 저렴하고 건강한 맛이 느껴지는 일품 음식이었다. 치즈, 고기, 토마토로 종류별 1개씩 주문을 해서 다들 맛있게 먹었다. 촉촉이 늘어지는 치즈와 빵 도우의 식감이 쫄깃하고 안에 담긴 고기, 토마토 등 재료도 신선하게 입 안에서 맴돌았다. 식사를 한 후에는 디저트로 터키 티와 터키 커피를 시켜서 마무리했다. 터키 티도 참 많이 먹었다. 일상적으로 이스탄불 사람들은 뜨겁게 우린 홍차에 설탕을 넣어 많이 먹었다. 현지인 식사를 좋아하기에 그렇게 우려낸 홍차와 묵직한 커피를 자주 우리도 애용했다. 커피는 바로 먹으면 안 되고 시간을 조금 두고 마셔야 했다. 안 그러면 곱게 간 원두까지 다 먹어버리기 때문에 가라앉기를 기다려야 했다. 다 마신 커피는 뒤집어 점을 본다는 데 실력이 없어서 그런지 뒤집은 찻잔은 꾸덕한 커피 찌꺼기에 더러워지기만 할 뿐이었다.

이스탄불 구시가지에서는 트램을 타고 공항버스 타는 곳으로 가야 했다. 길가에 트램 자동 발권기가 있어서 발권을 하려는데 자꾸 돈이 안 들어가고 입력이 안되어 난감하던 중에 그것을 보신 어떤 터키 아저씨께서 오셔서는 친절히 자신의 교통카드로 발권해주셨다. 물론 그분께는 돈을 드렸다. 터키 여행을 하면서 일일이 적지 못하지만 친절한 분들을 정말 많이 만났다. 사람 만나서 그 나라의 인상을 결정짓는 것은 상대적이고 상황에 따라 다른 거지만 적어도 우리 가족에게는 가장 친절하고 좋았던 나라였다. 특히 아이를 굉장히 좋아해서 어딜 가든지 아이에게 인사하고 귀엽다고 볼을 만지작거리거나 말을 걸었다. 본인이 간식을 가지고 있으면 그걸 나눠주고 권하는 것이 일상인 나라여서 아이는 본의 아니게 과자를 참 많이 얻어먹고 다녔다. 우리나라에만 있을 것 같은 정이 이곳에도 있다는 것을 여러 번 느꼈었다.

흐뭇하게 아이를 바라보는 터키 아저씨와 부끄러운 아이

친절한 아저씨 덕분에 편하게 트램을 타고 공항버스가 있는 종점까지 올 수 있었다. 트램은 도심을 가로지르는 지상철이기 때문에 창밖을 통해 우리의 발길이 닿지 못했던 이스탄불의 곳곳을 보여주었다. 바삐 움직이는 듯 하지만 무언가 여유로움이 느껴지는 대도시는 분명 서울과 다른 도시였다. 종점에 도착해서는 금방 공항버스 터미널이 나올 줄 알았는데 그게 아니었다. 한참을 걸어야 터미널이 나왔다. 그것도 평지만 있는 것이 아니라 언덕을 넘고 넘어가야 하는 길이어서 처음에는 금방 가겠지 했던 길을 당황해하면서 다들 걸었다. 아내의 표현을 빌리자면 땀으로 안에 입은 옷들이 젖고 어머니의 머리에는 안보이던 흰머리가 보였다고 했다. 계속되는 오르막길에 아이는 당연히 힘들어서 내가 목마 태우고 계속 가거나 나도 힘들어서 잠시 걷게 하고 다시 목마 태우고를 반복했다. 캐리어는 목마 태운 내가 끌고 가다가 힘들면 아내가 잠시 끌고 다시 내가 끌고를 반복하다가 겨우 시간에 맞춰 버스 타는 곳으로 왔다. 그곳에서 현금 결제를 한 다음 시간에 맞게 버스를 탈 수 있었다. 자리가 거의 남아있지 않는 상황이라 다들 나뉘어서 앉게 되었지만 그래서 앉을 수 있는 게 어딘가 싶어서 감사한 생각으로 버스에 탑승할 수 있었다. 한 시간 정도 가야 사비하 귁첸 공항으로 도착하니 그때 나는 맨 뒤에 앉아서 터키 형님들 사이에서 꿀잠을 잤다. 앉자마자 눈이 감겨 눈을 떠보니 공항에 거의 도착해있었다. 그렇게 도착해서 체크 인을 하고 잠시 공항에서 숨을 돌렸다.

공항 안에 오랜만에 보는 별다방이 있어서 다들 기쁜 마음으로 들어가 어머니와 아내는 아메리카노, 나는 아이스 카페라테를 시켜 달콤 쌉쌀한 커피의 맛을 즐겼다. 이미 깜깜해진 밤에 괴레메로 향하는 비행기에 탔다. 그리고 도착한 괴레메에서 우리는 피곤함에 정신을 잃을 지경이었다. 호텔에서 보내 준 렌트 승합차를 타고 주변이 보이지 않는 들판을 헤쳐 숙소에 도착했다. 그때가 밤 12시 정도였다. 괴레메에 온 이유는 카파도키아 벌룬 투어였기에 여기서 예약을 하고 방에 들어가 씻고 피곤한 잠을 청하려 했지만 출출한 나머지 한국에서 가져온 컵라면을 먹고 잤다.

괴레메에서 정말 편안하게 묵었던 호텔

피자와는 또 다른 맛, 터키 피데

터키 커피

터키 홍차

카파도키아의 열기구 행렬

2018년 1월 10일(4일째)-괴레메, 카파도키아

달콤한 잠을 청했던 숙소는 아담한 호텔이었지만 오래되면서도 정갈하고 깨끗한 호텔이고 사람들도 너무 친절해서 아직까지 기억에 남는 숙소이다. 방 내부는 좁지 않고 넉넉하게 사용할 수 있었고 모든 면에서 좋은 기억이 있는 장소였다. 전날 늦게 잤지만 새벽 일찍 벌룬 투어가 있었기에 다들 6시 전에 일어나 준비하고 1층 식당으로 내려서 간단하게 조식을 먹었다. 그래도 촉촉한 스크램블, 구운 빵, 올리브 오일과 소금으로 간한 오이 샐러드 등으로 맛있게 식사를 했다. 그리고 열기구에서 노출될 추위에 대비해 완전 무장을 한 채로 호텔 앞에 모였다. 이미 우리처럼 투어 신청한 사람들이 있었는지 여러 명이 보였다. 한국이나 동아시아인으로 보이는 사람들은 오직 우리밖에 없었다.

승합차를 타고 벌룬이 있는 곳으로 가는데 카파도키아의 기암괴석이 보이기 시작하더니 넓은 공터에는 수많은 벌룬이 우리를 기다리고 있었다. 다들 난생처음 보는 크기의 열기구 벌룬이라서 눈이 휘둥그레졌다. 아이도 처음 보는 풍경에 신기해했다. 처음 벌룬 투어를 신청하기 전에 너무 나이가 어리면 신청이 안된다고 해서 그땐 한 명은 아이를 보고 두 명만 갔다 오는 식으로 이틀에 걸쳐 보자고 했는데 어제 물어봤을 때 같이 탈 수 있다 하여 다행이었다. 어머니는 한국에 있을 때부터 터키 여행을 간다고 하니 이 열기구를 꼭 타보고 싶어 했다. 굉장히 유명한 투어이면서 인생에서 다신 못할 경험이기에 원했고 우리도 해보고 싶었기에 이곳까지 온 것이었다. 날은 이미 완전히 밝아지고 비도 내리지 않아 투어를 하기에는 괜찮은 날씨였다.

세상 처음 보는 풍경

비수기라서 사람들이 바글바글할 정도로 붐비지 않아서 여유 있게 열기구에 탑승했다. 엄청난 화력을 자랑하는 열기구 속에 오르니 아직은 떠오른 것에 실감이 나질 않았다. 아이도 열기구에 타는 것에 어리둥절할 뿐 아직은 뭔지 잘 모르는 듯했다. 안에는 우리 외에 대여섯 명이 더 탈 수 있는 꽤 큰 열기구였다. 이윽고 점점 떠오르기 시작하더니 순식간에 오르기 시작했다. 주변에는 수많은 열기구가 우리와 함께 오르고 있었다. 다들 처음 보는 풍경에 감탄사만 연발했다. 전혀 보지 못했던 기암괴석이 즐비한 이 대지를 이렇게 열기구를 타고 올라 본다는 것은 특별한 경험이었다. 점점 더 오르더니 밑에 있는 자동차들이 까만 점처럼 보이기 시작했다. 날씨가 아주 화창한 편이 아니라서 멀리 보이긴 하나 다소 흐린 아침이었지만 경탄할 만한 경치였다. 구름 한 점 없이 화창한 푸른빛 가득한 날씨에 오르면 아마 감동은 더해지리라 생각되었다. 아이는 키가 작아서 구경을 하려면 올려 보여주었다. 주변 경치보다는 열기구 타는 것에 재미를 느낀 듯했다.

카파도키아를 처음 알게 된 것은 영화 스타워즈의 팬인 나에게 촬영지로서였다. 그래서 꼭 와보고 싶은 여행지였는데 이렇게 열기구를 타고 둘러보는데 비경 속에서 꼭 영화 인물들이 나와 움직일 것 같은 착각이 들었다. 이러한 기암괴석은 약 300만 년 전에 화산, 지진 활동 등으로 응회암이 뒤덮게 되고 오랜 풍화작용으로 이러한 지형을 갖게 되었다고 한다.

수료 메달을 들고 자랑

1시간 정도 돌아보고 천천히 열기구는 지상으로 내려왔다. 내려올 때도 재미가 있었는데 엎어지는 식으로 열기구 밖으로 나오기 때문에 다들 정신 차려야 했다. 다소 질퍽한 들판으로 쓰러지듯 넘어진 열기구에서 하나둘씩 무사히 빠져나왔다. 그곳에는 조촐한 축하 자리가 마련되었는데 샴페인을 터트리고 다들 여행을 기념했다. 아이는 오렌지주스로 기쁨을 표현했다. 방명록에도 왔다감을 적고 간단한 다과를 즐겼다. 수료 메달도 하나씩 줬는데 아직도 집에 걸려있다. 호텔로 돌아와서는 다들 출출했는지 1층 식당으로 가서 다시 조식을 먹었다. 빵, 달걀, 요구르트, 샐러드를 든든히 먹고 진하게 우린 홍차도 한 잔 했다. 호텔 방에 돌아오니 과일 바구니와 아이에게 주는 작은 기념 선물도 있었다.

오후에는 직접 카파도키아를 걸어보기로 했다. 괴레메 시내에서 카파도키아는 바로 옆이라 트래킹으로 둘러보기 충분했다. 숙소에서 나와 시내를 걷는데 거리에 가판 시장이 형성되어 있었다. 각종 채소, 과일, 향신료, 조각상, 오일, 곡물 등이 가득 찬 가판대가 이어진 것을 구경하는 것도 재미가 있었다. 그렇게 구경하면서 카파도키아 쪽으로 걸어가는데 뒤에서 누가 계속 부르는 소리가 들렸다. 설마 우리를 부르는 거겠거니 하고 신경 안 쓰고 계속 걸어가는데 다소 숨찬 목소리가 바로 뒤에서 들렸다. 그래서 뒤돌아보니 어떤 아저씨가 손에 곶감을 쥐고 우리를 헐레벌떡 따라오고 있었다. 이유는 바로 아이에게 곶감을 주고 싶어서 계속 뒤에서 부르고 쫓아오신 거라 나와 아내는 어리둥절하면서도 신기했고, 어머니는 예전 시골 장터가 생각난다며 이 나라 사람들의 아이 사랑에 놀라워했다.

몇 분 걸어가니 카파도키아가 나왔다. 직접 눈으로 본 그 거대하고 장엄하면서 표현하기 힘든 풍경은 사진으로 아무리 찍어도 그 느낌이 살아나지 않았다. 단순히 자연물로만 남긴 것이 아니라 그 안에 사람들이 살았었고 인간의 역사가 있었기에 감동은 배가 되었다. 안에 들어가면 방, 부엌, 기도실, 교회 등 형태가 아직까지 남아있었다. 각종 벽화는 물론이고 요리를 해서 그을음이 일어난 곳도 있었다. 기암괴석을 구성하는 응회암은 화산재가 굳어진 것이기에 날카로운 도구를 가지면 충분히 굴을 팔 수 있다고 한다. 그래서 로마의 박해를 피해 온 크리스트교인들이 처음에 살면서 교회, 납골당, 부엌, 집무실, 성채 등을 만들게 되었고 인류의 자연유산이자 문화유산으로 지금까지 남아있게 된 것이다. 잠깐 휴게소에서 어른들은 터키커피, 아이는 초콜릿으로 충전을 하고 세계문화유산 구역 외에도 엄청 크기 때문에 우린 발길 닿는 대로 걸어보기로 했다. 숨겨진 공간을 찾는 것도 재미가 있었다.

목마는 계속된다

아이도 미로 찾기처럼 얽히고설킨 공간을 돌아다니며 좋아했다. 특히 흙길을 걷거나 꽃, 풀, 나무 등을 보는 걸 좋아했기에 이 트래킹은 즐거워하면서 잘 걸어 다녔다. 그랜드 캐니언과는 다르게 천 년이 훌쩍 넘는 시간부터 인간의 손길이 곳곳에 닿아 남겨진 모습, 자연 그대로의 풍경을 보고 있으니 사진을 얼마나 찍었는지 모르겠다. 내려오는 길에 아이가 사 준 초콜릿 과자가 없어졌다고 해서 나와 아내, 어머니는 찾았는데 알고 보니 아이가 내 패딩 모자에 숨겨놓고 거짓말을 한 것이다. 이렇게 장난을 친 것은 처음이었기에 다들 놀라며 웃었다. 그렇게 한참을 걷고 보고 난 후 저녁 시간이 되어 괴레메 시내에 있는 식당에서 저녁을 먹기로 했다. 언제나 양고기는 시키고 피데도 주문했다. 그리고 별미인 항아리 카레도 주문했는데 활활 타는 불 위에 작은 항아리 옹기가 있었고 열어보니 카레가 끓고 있었다. 다들 맛있게 식사를 한 후 떠나는 게 아쉬워 괴레메 시내를 조망할 수 있는 근처 언덕에 올라서 이곳 풍경을 오랫동안 눈에 담았다.

카파도키아 벌룬 투어

카파도키아 유적

괴레메 시가지

복음이 깃든 도시, 에페소스

2018년 1월 11일(5일째)-이즈미르, 셀축, 에페소스

킹사이즈 침대에서 아내와 어머니, 아이가 같이 잤는데 자리가 좁았는지 낮잠 때문인지 아이는 밤에 잠을 설쳤다. 다들 서둘러 새벽에 일어났다. 4시 30분에 일어나 짐을 정리하고 체크 아웃을 했다. 이즈미르로 이동을 해야 했기에 아침 일찍 비행기를 타기 위해 서둘렀다. 호텔에서는 조식이라고 샌드위치, 과일과 물을 한가득 싸주었다. 이곳은 지금까지 다녀 본 호텔 중에 최고의 호텔로 기억되는데 서비스, 가격, 분위기 면에서 숙박객을 배려하고 친절하게 맞이하는 호텔이라 좋은 기억만 가득 안고 떠났다.

짧지만 강렬했던 괴레메 카파도키아를 떠나 카이세리 공항으로 가서 수속을 밟고 기다리는데 맞은편에 앉은 히잡을 쓴 어떤 여자분이 아이에게 과자를 주었다. 여기 사람들은 왜 이리 친절한지 아이를 보면 항상 먹을 걸 쥐어주곤 했다. 공항 슈퍼에서도 주인아저씨가 아이에게 귀엽다며 막대 사탕을 하나 주었다. 기다리면서 샌드위치를 먹는데 어머니는 한국에서 가져온 튜브 고추장을 발라 고향의 맛을 느끼며 먹었다. 아침에 떠난 비행기는 날아 이즈미르 공항에 무사히 도착했다.

손에는 받은 막대사탕, 입에는 받은 과자

공항에 도착해서 짐을 찾기 위해 기다리는데 그곳에서도 아이를 본 남자가 초콜릿 과자를 나눠주었다. 우리는 이런 광경을 자주 봤지만 볼 때마다 신기하고 놀라웠다. 우리 경험상 어느 곳, 어느 나라를 가도 이렇게 아이에게 환대해준 적은 처음이었기 때문이다. 이즈미르는 터키 최대 수출 항구로 아나톨리아 반도 서부에 위치한 인구 200만 명이 넘는 대도시이다. 수도인 앙카라, 이스탄불과 더불어 3대 도시로 불린다. 우리가 이곳에 온 이유는 어머니와 아내가 가고 싶어 했던 에페소스 유적이 근처에 있고 아테네로 가는 관문이기 때문이다. 우리는 몰랐는데 후에 호메로스가 태어난 곳이라는 것을 알았다. 공항 밖으로 나오자 처음으로 비를 만나게 되었다. 계속 흐리고 맑은 날씨가 반복되더니 이곳 이즈미르는 비가 조금 세차게 내리고 있었다. 먼저 셀축이란 도시로 가야 했기에 기차표를 발권해서 기차를 타고 셀축으로 이동했다.

셀축은 터키 이즈미르 주에 있는 작은 도시로 인구는 4만 명을 밑도는 수준이다. 우리나라로 치면 군 단위 읍내라고 생각하면 된다. 이런 작은 도시가 유명한 이유는 에페소스가 인접해있어서이다. 셀축이라는 도시 이름은 서아시아 역사에 등장하는 셀주크 투르크에서 유래한 것이라고 한다. 이즈미르에서는 세차게 내리던 비가 셀축에 왔을 때는 맑게 개어 선명하고 푸른 하늘을 보이고 있었다. 캐리어와 짐에다가 아이까지 있어서 우산 쓰고 가는 게 부담스러웠던 우리에겐 출발이 좋았다. 단정하고 정갈해 보이는 셀축 거리를 지나서 숙소에 도착했다.

숙소는 이층집 게스트하우스였는데 아담하니 묵기에 좋아 보였다. 인상이 푸근한 주인 할아버지와 할머니가 우릴 반갑게 맞이해주셨다. 2층으로 올라가 방을 안내받았는데 커다란 침대, 작은 침대 1개씩 있고 샤워 시설이 있었다. TV나 다른 전자기기가 없고 단정한 방 안과 전통 문양이 있는 창문을 보니 마음이 편해졌다. 일단 짐을 풀고 나와 주인 내외분께 에페소스에 가고 싶은 데 가는 방법을 물어보니 주인 할아버지께서 흔쾌히 에페소스까지 태워주시겠다고 했다. 덕분에 편하게 에페소스까지 갈 수 있었다. 에페소스는 셀축에서 2km 정도 떨어진 가까운 거리에 있었다. 성경에 등장하는 그 도시에 오게 되니 어머니와 아내는 약간 감동을 했다. 이곳은 한국에서 단체 관광으로 많이 오는 코스라고 해서 그런지 한국어 안내 책자도 있었다. 로마 시대의 고대 도시를 온전히 보는 것은 처음이라 나 또한 굉장히 낯설면서 기대감에 부풀었다.

에페소스 포즈

에페소스는 에페소스 공의회로도 알려져 있고 과거 크리스트교를 믿는 사람들이 많이 살던 곳으로 성모 마리아가 마지막 생애를 보낸 곳으로도 알려져 있다. 그래서 근처에 성모 마리아가 묵었다는 집도 있다. 나는 에페소스 도서관으로 기억이 많이 된 도시이다. 이슬람 국가 터키 안에 있지만, 고대 크리스트교의 문화재가 굉장히 많이 남아 있는 터키이기에 그중 백미로도 일컬어지는 에페소스는 크리스트교 신앙을 가진 사람들뿐만 아니라 고대 로마 도시를 볼 수 있는 기회이기에 많은 사람이 찾아오는 곳이다. 입구에 들어가면서부터 과거 대리석 건물들의 기둥, 벽 잔해 등이 기다리고 있었다. 기원전 7세기부터 전성기였던 이 도시는 과거 영화를 누렸던 사람들은 이제 이 세상에 없지만 그 흔적은 남아 지금 사람들이 반추하게끔 했다. 도시가 거의 온전하게 남이 있고 지금도 발굴과 복원이 진행 중이라 천천히 둘러 보기에 충분한 크기의 고대 도시였다. 그래서 그 거리를 걷다 보면 그때 사람들이 어떻게 살았는지도 상상해볼 수 있다.

원형 극장에서 울려 퍼졌을 희곡과 노래들, 공용 화장실에서 일을 보면서 나누었을 담소, 홍등가에 가기 위해 발 크기를 재던 모습, 음악회나 시 낭송이 열렸을 소극장, 황제에게 바쳐진 거대한 신전, 거대한 목욕탕 그리고 이곳을 오고 갔을 사람들 등 여러 유적이 즐비한데 그중 내 눈을 끌었던 것은 역시 거대한 켈수스 도서관이었다. 지금도 앞모습이 잘 보존된 도서관은 그 크기를 보았을 때 지식과 규모가 컸던 도시를 가늠한다. 켈수스 도서관은 에페소스 유적의 하이라이트로 이 앞에서 항상 사람들은 사진을 찍는다. 아시아 총독이던 켈수스를 기념하여 지어진 건물은 화려한 코린트식 열주로 세밀한 묘사를 뽐내고 아테네 여신의 석상이 지키고 있었다. 거리를 지나오면 거대한 아고라와 야외극장에서 또 한 번 고대 도시의 웅장한 여유를 눈에 담게 된다. 날씨도 포근해서 천천히 산책하듯 둘러봤는데 아이도 여기저기 뛰어다니면서 잘 다녔다. 2시간 정도 걷자 끝이 보였다.

컵라면 먹방

기념품 가게에 들어가니 컵라면을 파는 곳이 있어서 아이가 어쩔 수 없는 한국인인지 컵라면을 먹고 싶다고 해서 물을 받아 가게 앞 테이블에서 먹기 시작했다. 맵지 않아 맛있게 먹고 거의 다 먹었을 때쯤 갑자기 비가 내리기 시작했다. 그렇다고 안에 들어가서 먹을 수 없어서 급하게 버리고 나왔다. 바로 그칠 기미가 보이지 않았기에 우린 서둘러 택시를 잡아 셀축 시내로 들어왔다. 그런데 2km의 가까운 거리인데 다소 비싼 요금을 우리에게 요구했다. 아이가 있어서 비도 계속 내리니 지불하려 했는데 마침 그만한 액수의 지폐를 가지고 있지 않고 고액권을 가지고 있어서 근처 가게에서 바꿨다. 그런데 택시비 외에 고액권을 바꾸면서 택시기사가 그 돈으로 껌을 하나 샀는데 그것도 가져갔다. 그땐 몰랐는데 동전을 받고 확인하고 알았는데 액수보다는 뭔가 이런 일을 당했다는 게 당황스러웠다.

일단 비도 내리고 해서 숙소에서 우산을 가지고 나왔다. 저녁으로 무엇을 먹을까 고민을 하면서 거리를 걷던 중에 보이는 가게에 그냥 들어가 보았다. 검색해서 찾는 것도 좋지만 이렇게 불현듯 식당에 가보는 것도 여행의 묘미니까 말이다. 들어간 가게는 탁월한 선택이었다. 터키에서는 맛에 대해 실패했던 적이 없다. 간이 세지 않고 소금, 후추, 올리브 오일만으로 조리를 하여 본연의 맛을 살린 요리들이 많았고 채소도 많아 입맛에 맞았기 때문이다. 그리고 매번 엄청나게 주는 빵도 맛있었다. 내 팔뚝보다 큰 거대한 빵도 우리 돈으로 200~300원 정도라니 말 다했다. 양꼬치, 양갈비, 아이란 등을 주문해서 맛있게 먹고 거리를 걷던 중에 아이를 위해 달콤한 디저트 간식도 사고 터키가 또 이슬람 국가로는 특이하게 맥주가 유명하니 에페스 맥주 가게에 가서 기분 좋게 한 잔씩 마셨다. 그렇게 터키에서 마지막 밤이 저물어 갔다.

화창하게 갠 셀축

마지막 터키 저녁 식사

같은 신들을 모셨던 셀축과 아테네

2018년 1월 12일(6일째)-셀축, 이즈미르, 아테네 국제공항

여유롭게 아침을 맞이했지만 밖은 다소 흐려서 오락가락했던 셀축 날씨에서 언제 또 비가 올지 몰라 조금 걱정이 되었다. 전날 미리 말씀드린 덕분에 소박한 아침 식사를 주인 내외분이 해주셨다. 8시에 일어나 1층에 내려오니 안경을 쓴 인자한 할아버지와 두건을 쓴 할머니께서 빵, 각종 잼과 버터, 햄을 넣은 달걀부침, 절인 올리브, 오이와 토마토 샐러드 등을 해주셨다. 아이 보라고 어린이 TV 채널도 틀어주시고 터키 말을 할 줄 몰라서 자세하게 대화할 수는 없었지만 따뜻함을 느낄 수 있었다. 항상 가족 대하듯이 정성스럽게 식사를 준비해주시고 소박하지만 친절하게 해주셔서 편하게 있다가 가는데 마지막이라니 아쉬움이 남았다. 빵을 구우시는데 온열기 위에서 구워서 아이가 신기한지 쳐다보며 재미있어했다.

셀축을 떠나는 날이라 오전에 에페소스 고고학 박물관, 사도 요한의 교회, 아르테미스 신전을 둘러보기로 했다. 아이는 숙소에서 나오기 전 마당 테이블에서 이스탄불 지도를 펼쳐 보이더니 뽀로로 가방을 메고 "오늘은 보물을 찾으러 가는 거야."하고 당당히 외쳤다. 숙소 대문을 나와서는 지도를 한 손에 쥐고 당당히 보물을 찾기 위해 거침없이 앞장서서 나갔다. 지도가 이스탄불 지도라는 게 함정이라면 함정이었다.

보물 찾기 지도 탐색

박물관에 가기 앞서 이즈미르 공항으로 가는 버스를 예약하려고 버스터미널로 갔다. 터미널이라는 말이 무색하게 정말 작은 규모였지만 예약을 하고 돈을 지불한 다음 표를 받았다. 에페소스 박물관은 작은 셀축에 있는 박물관이라는 말이 무색하게 2만 5천여 점이 넘는 유물을 소장하고 있는 박물관이다. 안타까운 점은 19세기 후반과 20세기 초에 발굴된 많은 유물이 영국과 오스트리아로 빠져나갔다는 점이다. 유럽인들의 문화재 약탈은 이곳에서도 자행되고 있었다.

현재는 인근 에페소스와 아르테미스 신전 등에서 발굴된 유물을 전시하고 있는데 작은 규모임에도 불구하고 내실 있고 오밀조밀하게 전시가 되고 있었다. 이 박물관에서 가장 봐야 할 것은 아르테미스 상이다. 우리가 생각하고 있는 아르테미스 여신과는 많이 다른데 그리스 신이 아나톨리아 반도로 넘어오면서 다산과 풍요의 모습을 담게 되며 변해간 모습을 볼 수 있는 아주 귀중한 유물이다.

아르테미스 여신하면 숲과 동물의 수호신이면서 사냥의 신으로 알려져 있고 처녀와 달빛, 순결의 신이다. 그래서 서양 미술관에서 보는 아르테미스 여신, 디아나는 화살통과 활을 가지고 다니고 숲을 거닐고 동물과 함께 있는 경우가 참 많다. 하지만 이 박물관에 있는 여신은 어깨부터 해서 가슴 전반에 많은 유방을 가지고 있어서 다산과 풍요를 직설적으로 드러내고 있었다. 그리고 하반신의 동물들은 사냥을 기원해 상당히 직관적인 모습을 띠고 있어서 그리스 문화가 이곳으로 넘어오면서 토착문화와 융합된 모습을 잘 보여주었다. 이곳은 고대 세계 7대 불가사의 중 하나로 알려진 아르테미스 신전이 있는 곳이라 아르테미스 신앙이 아주 강렬했던 지역이다. 확실히 헬레니즘, 로마시대에 번영을 구가했던 지역답게 그리스 로마 문명의 문화재가 정말 많았다.

구경을 끝내고 사도 요한의 교회를 찾아 걸어갔다. 시내 중심가 언덕 위에 있었는데 올라가 보니 셀축 시내가 한눈에 보였다. 그곳을 둘러볼 때 갑자기 비가 내려 교회 안 붉은 벽돌로 된 계단 밑 통로에 숨어서 큰 비를 잠시나마 피할 수 있었다. 아이는 비가 내려 신나 했다. 추적추적 내리는 비는 그치다 오다를 반복했는데 구경하는 데는 무리가 없었다. 교회는 폐허로 남아 보존을 하고 있었는데 이슬람 국가라 그런지 아니면 폐허로 남겨진 문화재에 관대한지 다니는데 큰 제재가 없었다.

보물(돌멩이) 찾기 성공

셀축은 예수의 12제자 중에서도 중요한 사도 요한이 예루살렘에서 추방당한 후 말년을 보낸 곳이다. 동로마 제국의 유스티니아누스 황제가 그를 기리기 위해 교회를 지었고 나중에 이슬람 사원으로 사용된 적이 있다고도 한다. 크리스트교 신앙을 가진 어머니는 이곳에 직접 와봐서 좋아하셨다. 교회를 둘러본 후 아르테미스 신전을 향해 걸어갔다. 다소 떨어진 곳이라 조금 걸어야 했다. 다행히 비는 내리지 않아 불편함은 없었다. 아르테미스 신전의 모습은 온데간데없고 폐허에 열주 1개만이 우두커니 남아 2,000년이 넘는 세월을 지키고 있었지만 그 역사를 들여다보면 이 신전의 거대한 위용이 드높았을 때 에페소스의 전성기를 엿볼 수 있다.

아르테미스 신전이 건설된 기원전 6세기에는 도시 인구가 20만 명에 달했다고 하는데 그건 주거 인구 외에 활동하는 인근 지역까지 다 합친 것 같다. 어쨌든 그 정도로 많은 사람이 활동하던 도시였고 신전이 건설된 다음에는 이 신전을 보기 위해 순례객들이 많이 오갔다고 한다. 아르테미스 신전은 리디아의 크로이소스 왕이 메타게네스에게 명령하여 완성되었는데 헤로도토스의 역사에도 신전이 등장한다. 그러나 이 신전은 미친 남자에 의해 불타 없어지는데 자신의 이름을 남기고 싶은 나머지 신전을 불태운 사람으로 기억되고 싶었던 것이다. 지금으로 말하자면 최악의 관종 행위를 한 것이다. 그래서 범인을 처단한 후에 앞으로 범인의 이름을 꺼내지 말라고 했지만 이렇게 지금까지 전해지고 있다. 불탄 신전을 슬퍼하던 에페소스 사람들은 다시 신전 재건에 착수하여 기원전 3세기 중반에 알렉산드로스 대왕도 감탄을 금치 못한 신전이 완성된다. 이 신전이 고대 세계 7대 불가사의로 일컬어지는 신전이다. 규모는 현재 남아있는 아테네의 파르테논 신전보다 4배 이상 크다고 하는데 잔해물만 남은 지금의 모습으로는 드넓은 공터만이 맞이할 뿐이었다. 로마제국 후기에 고트족 침입으로 파괴되고 후에 크리스트교가 국교가 된 로마 안에서 마음대로 건축 자재로 활용되었다. 여신의 영광이 끝나는 순간이었다. 그러다가 잊힌 전설로 남았는데 19세기 영국 고고학팀이 신전을 발굴하게 되었고 지금은 복원을 하지는 못하고 폐허만 남아 외로이 서 있는 기둥이 우릴 바라보고 있었다.

시내로 들어와서 식당에서 점심 식사를 하는데 비가 갑자기 오다가 멈추기를 반복했다. 식사를 하고 우산이 없어서 비를 맞으며 숙소에서 짐을 찾아 나오는데 멈추었던 비가 다시 내리기 시작했다. 캐리어를 끌고 아이를 안고 오는데 숙소에서 그렇게 멀지 않았지만 육교를 건너고 해야 해서 우산을 써도 거의 맞으면서 터미널에 도착했다. 버스는 우리가 아는 버스는 아니고 승합차 형태였다. 맨 뒷자리에 앉아서 이즈미르 공항까지 가는데 내려주는 것은 공항 가기 전 큰 자동차 도로 옆에 내려주었다. 그게 내리는 장소였나 보다. 이내 승합차는 출발하고 나는 잠든 아이를 품에 안고 아내는 캐리어를 끌고 갔다. 그렇게 공항을 향해 걸어가는데 가는 길에 그걸 본 친절한 아저씨가 공항까지 우리를 차에 태워주었다. 마지막까지 정겨운 터키 사람들 덕을 톡톡히 봤다. 이즈미르 공항에 도착해 수속을 마치고 여유 있게 쉬었다. 나는 마지막 터키 커피를 맛보았고, 아이는 쿠키 아이스크림을 먹고 있는데 방송이 나오는 것이었다. 아시아인은 비행기에 타라는 말이었는데 우리는 아직 탑승 시간이 조금 남았으니 우리 이야기가 아니라고 생각했지만, 계속 들려오고 자세히 들어보니 왠지 우리를 말하는 것 같아 서둘러 가보았다. 역시 우리가 맞았다. 그리스 항공사라 아시아인이라고 지칭했나 보다. 그런데 시간도 안되었는데 다 탔다고 빨리 출발하는 건지 신기했는데 비행기를 보고 그럴 수도 있겠다는 생각을 했다. 바로 프로펠러가 달린 작은 비행기였기 때문이다. 살면서 그런 비행기를 처음 보고 타보는 것도 처음이었다. 신기해서 배경 삼아 사진도 찍었다.

프로펠러 비행기를 타고 아테네로

우리도 이런 비행기를 인 줄 모르고 예약했는데 타고 보니 버스처럼 안에도 작았다. 그래도 작은 짐을 실을 수 있는 공간도 있고 승무원이 아이에게 사탕이며 놀 수 있는 것을 가져다주었다. 프로펠러가 돌아가 생각보다 시끄러운 것을 빼면 만족스러운 비행이었는데 왜 이렇게 작은 비행기로 다니는 건지 이때는 몰랐는데 그리스 사람에게 물어보고 알았다. 터키와 그리스는 사이가 워낙 안 좋아서 왕래

하는 사람들이 적다는 것이다. 그리스가 예전 오스만 제국 당시 지배를 오랫동안 받은 건 알고 있지만 이렇게 왕래를 안 해서 프로펠러 비행기가 다닐 정도라니 신기한 나라 관계였다.

1시간 남짓한 짧은 비행을 마치고 도착한 아테네는 공항에서 그리스 글자를 보니 이제 그리스에 왔음이 실감 났다. 공항에서 나와 택시를 타고 아테네 플라카 지구에 있는 숙소로 갔다. 이스탄불에서 머물 때와 마찬가지로 숙박 공유 사이트로 잡았다. 자유롭게 지내면서 세탁도 해야 해서 골랐는데 여기도 역시 주인아저씨가 기다리고 있었다. 그래서 사용법이나 아테네 맛집도 알려주고 친절하게 안내해 주셨다. 여행 나온 지 일주일 가까이 돼서 빨래가 시급했던 상황이라 세탁기가 있는 점이 마음에 들었다. 우린 주인 아저씨가 추천해 준 가까운 식당에서 식사를 했는데 유럽은 코스 요리가 일반적이라 애피타이저, 메인 요리해서 총 5개를 시켰더니 너무 양이 많아 배가 불러서 터질 지경이었다. 특이한 점은 그리스에서는 레스토랑을 가면 우조라고 전통술을 서비스로 줬는데 독한 술이라 입에 대지는 않았다. 식사를 마치고 마트에 들려 물이나 간식 등을 사서 돌아왔다. 이렇게 그리스 여행이 시작되었다.

에페소스 박물관

아르테미스 신전 터

서양 문명의 뿌리, 아테네 걷기

2018년 1월 13일(7일째)-아테네 구시가지

다소 따뜻했던 아테네의 밤이 지나 아침이 되니 비가 내리기 시작했다. 아내와 아이, 어머니는 킹 사이즈 침대에서 자고 나는 소파에서 잠을 잤는데 잘 정리되고 청결한 숙소에서 꼼꼼한 주인의 성격을 엿볼 수 있었다. 아침은 어제 레스토랑 식사를 마치고 들린 유기농 마트에서 구매한 요거트, 사과, 달걀, 빵, 주스, 우유 등을 준비해서 먹었다. 더울 듯해서 패딩을 입어야 하나 말아야 하나 고민할 정도로 날씨는 따뜻했다. 다들 패딩은 벗고 나가기로 했다. 나갈 때가 되니 내리던 비도 그쳐서 하얀 구름이 듬성듬성 박힌 파란 하늘이 펼쳐져 있었다. 숙소가 시내에 있어서 다니기에는 불편함이 없었다. 이스탄불과 마찬가지로 위치로는 최적합한 숙소였다.

어두컴컴해서 어제는 보이지 않았던 아테네 시가지의 건물과 사람들이 보이기 시작했다. 노천카페, 식당이 많아서인지 도로변의 테이블이며 의자가 인상적이었다. 가는 길에 보이는 유적들은 터키에서도 많이 본 터라 새롭지는 않았지만 거리를 청결하게 청소하며 아침을 여는 사람들에게서 좋은 인상을 받았다. 거리의 풍경이 처음으로 보는 유럽 건물이라 오히려 그런 것들이 나에게는 이질적으로 느껴졌다. 먼저 아크로폴리스 박물관을 향해 걸었는데 비에 젖은 보도블록이 깔린 인도는 걷는 기분을 업그레이드시켜주었다. 제우스 신전을 지나 아크로폴리스 박물관에 도착했을 때 현대적인 건물 앞에는 유적 발굴 현장이 그대로 보존되어 있었다. 이 도시가 얼마나 오랜 역사를 지닌 도시인지 알 수 있었다.

아크로폴리스 박물관 건물은 뉴 아크로폴리스 박물관이라고 불리는 건물로 2007년에 건축된 건물 자체만으로도 멋진 장소였다. 기하학적인 유리 면을 통해 들어오는 빛은 그 안에 잠든 유물들을 감싸고 있었다. 고대 그리스부터 로마제국 시기에 걸친 유물이 가득 찬 박물관 안에는 서양 문명의 뿌리를 느끼기 위해 온 많은 사람이 있었다. 고작 1시간 비행거리에 있는 나라인데 터키와는 많은 차이점이 있었다. 일단 시각적으로 터키에는 우리가 흔히 서양사람이라고 생각되는 백인들이 많지 않았다. 하지만 아테네에는 많은 백인이 유적을 보러 왔다.

로마가 서양 문명의 기둥이라면 그 뿌리가 바로 이곳 그리스 아테네이기 때문에 견학이나 여행으로 많은 서양인이 오고 있음이 실감 났다. 우리나라에서는 좀처럼 볼 수 없는 유물들이기에 천천히 관람을 했다. 하지만 아이의 눈에는 돌덩이에 불과한 것들이라 흥미를 잃고 지루해했다. 그래서 아내가 데리고 다니며 앉아 있거나 쉬거나 했다. 다 보고 나왔을 때에 아이는 아크로폴리스를 재현해 놓은 레고에 빠져 한참을 구경하고 있었다. 내 손을 잡고는 손가락을 가리키며 설명하며 흥미로워했다. 박물관을 알게 되는 나이는 언제쯤 오게 되는 건지 우리 여행에 있어서 필수 코스인데 이 점은 어린아이를 데리고 다니는 우리에게 있어서 항상 숙제가 되었다.

올리브 나무 사이로

박물관 관람을 끝내고 파르테논 신전을 향해 걸었다. 가는 곳에도 각종 유적이 즐비했다. 석재 유적이 많이 있기에 보존에 있어서 흔적이 잘 남아있는 게 우리와는 대비되었다. 가는 길에 보이는 올리브 나무들도 흥미로워서 어느 하나 눈에 놓치지 않기 위해 담아가며 길을 재촉했다. 파르테논 신전은 고대 그리스 폴리스에서 아크로폴리스라고 불리는 곳에 있었다. 높은 곳에 있는 도시를 뜻하는 아크로폴리스는 도시에 있어서 평소에는 신전과 다양한 시설이 있는 곳이지만 전쟁에 대비한 방어 시설이 있는 요새이기도 했다. 아크로폴리스 박물관에는 그 변천 과정에 따른 건물, 구역에 대해 자세히 설명해 놓고 있었다.

파르테논 신전은 아테네 어디서든 잘 보일 것 같은 위치에 있었다. 세계문화유산의 상징, 서양 문명의 상징과 같은 파르테논 신전은 겨울이었지만 따뜻한 날씨 속에 많은 관광객이 찾고 있었다. 아이도 올라가는 내내 힘들어하기도 했지만 돌들 사이로 가는 게 재미있는지 잘 따라다녔다. 신전은 페르시아인이 파괴한 옛 신전 터에 마라톤 전투에서 그리스가 페르시아에 승리를 거둔 기념으로 아테네 인들이 아테네의 수호신인 아테나에게 기원전 438년에 바친 것이다. 파르테논이라는 뜻은 아테나의 무녀들이 살았던 처녀의 집이다. 16년에 걸쳐 완성되었다는데 그 규모는 직접 두 눈으로 보았을 때 고대인의 신앙심과 건축술에 놀라게 된다. 전부 최고급 대리석으로 만들어졌고 열주는 도리아식으로 만들어졌으며 밑으로 내려올수록 안정감을 위해 다소 두텁게 만들었다. 직선이 아닌 곡선의 형태로 만들었다고 하는데 그 이유는 시각적 이유로 실제보다 크고 예술적으로 보일 수 있기 때문이란다. 비슷하게나마 우리나라의 무량수전 배흘림기둥이 생각나는 모습이었다. 이 모습은 지금까지도 서양에서는 고대 건축의 전형으로 일컬어져 많은 건물에서 차용되고 있다. 유네스코 세계문화유산 지정 첫 번째 유적이고 유네스코 상징 마크로도 알려져 있다.

화창해진 하늘과 불어오는 바람 덕분에 기분 좋게 신전까지 올라갔다. 한쪽은 공사 중이었고 지붕은 일부만 남아있다. 신전을 장식하고 있는 조각상들은 많은 수가 현재 루브르 박물관 및 영국박물관에 소장되고 있다. 특히 19세기 초 영국의 엘긴 경은 약탈을 통해 많은 유물을 가져왔고 이는 엘긴 마블스라고 하여 보관되고 있다. 이런 풍화의 세월을 겪은 신전을 배경으로 사진도 찍고 돌아보았다.

신전 앞에서 아내와 아이

직접 가까이 본 신전과 그 주변은 거대한 대리석으로 온통 뒤덮여있어서 그 규모를 짐작하게 했다. 아쉽게도 아테나 조각상은 소실되어 크기를 짐작할 수 없다. 파르테논 신전에서 바라본 아테네 시가지는 장관이었다. 높은 건물이 없는 도시이다 보니 이곳에 올라 바라봤을 때 도시 전체가 조망되었다. 시원한 바람에 문득 2000년 전에도 이런 바람이 불어오고 그때 아테네 사람들은 이러한 바람을 맞았겠구나 하는 생각이 들었다. 이런 거대한 유적지 속을 거닐다 보면 같은 공간을 다른 시간 속에서 걸었을 수많은 옛사람이 생각나는 것 같아 기분이 묘했다. 파르테논 신전을 구경하고 내려와서 점심 식사를 했다. 국제적인 관광지이다 보니 전 세계에서 모인 사람들로 거리는 북적였다. 그리고 우리 같은 검은 머리의 동양인이 지나갈 때면 꼭 중국어로 인사를 했다. 이건 인종차별로 봐야 하는 건지 헷갈릴 정도로 웃으면서 인사하는데 우리 눈에 서양 인하면 미국인, 영어인 것처럼 서양인 눈에 동양 인하면 중국인, 중국어가 스테레오 타입처럼 우리를 졸졸 따라다녔다. 들어간 그리스 식당에서는 출출했지만 전날 레스토랑에서의 기억 때문에 많이 시키지 않고 모둠 음식과 2가지 정도 더 시켰다. 아이를 위해 아이스크림도 주문하고 어른들은 커피를 주문했다. 어머니 품에서 자고 있던 아이는 음식이 나오자 잠에서 깼다. 파르테논 신전으로 오가는 것이 힘들었는지 막판에는 졸려했다. 음식이 나왔는데 아뿔싸 역시 많았다. 특히 모둠 음식만으로 3명이 먹기에 충분했다. 해산물 튀김 모둠을 주문했는데 그 안에 꽁치 같은 물고기와 새우, 오징어, 샐러드 등이 거대한 탑을 쌓고 있어서 점심은 맛있었지만 먹고 나서는 배가 너무 불렀다.

아이스크림으로 피로야 가라

든든한 배를 부여안고 아고라를 보기 위해 발걸음을 옮겼다. 인근에 많은 유적지가 함께 있어서 보기 편했는데 아고라에 도착하니 3시면 문을 닫는다고 안내가 되어 있었다. 이때 이미 2시가 넘어 있어서 들어가도 별로 보지 못하고 나와야 했기에 화요일에 다시 와서 보기로 했다. 찾아보니 아테네의 유적은 대체적으로 오후 3시면 모두 문을 닫았다. 돌이켜보면 그리스 사람들 생활 패턴이 그랬었다. 아침에 하루를 시작하고 우리 기준으로 보면 이른 오후에 하루 일과를 마무리하고 개인 시간을 갖는 듯했다. 아테네의 중심가는 그러지 않지만 대개 도시의 상점들은 일찍 문을 닫았다. 그리스는 경제 위기도 있고 나라가 어렵다는 말도 들려왔지만 사람들은 그래도 여유를 잃지 않고 있는 듯했다. 결국 아고라는 보지 못하고 숙소를 향해 걸어갔다. 그리고 도로변에 있는 그리스 정교회 성당을 우연히 발견해 들어가게 되었다. 개신교 교회나 가톨릭 성당은 많이 가봤지만 정교회 성당은 처음이었는데 정말 아름다웠다. 성상 대신 벽을 가득 채운 성화가 친절하고 장엄한 느낌을 가져다주었다. 시내에 있으면서 여행객보다는 현지인들이 다니는 성당인지 사진 찍는 것에 대해서도 곤란함 없이 자유롭게 볼 수 있게 해 주었다. 그 뒤로 많은 성당을 보았지만 그래서인지 인상 깊은 성당이었다. 내일은 일찍 메테오라에 가야 하기에 일정을 조금 일찍 마무리하고 숙소에서 편하게 쉬기로 했다. 저녁은 고향의 맛이 그리워 가져온 한국 컵라면으로 대신했다. 이제 컵라면 다 먹어서 없다.

깨끗한 아테네 거리

파르테논 신전

우리를 놀라게 한 해물 튀김 모둠

장엄하지만 소박한 그리스 칼람바카

2018년 1월 14일(8일째)-칼람바카, 메테오라

아직은 어둠이 다 걷히지 않아 어스름이 낀 이른 아침 아테네의 중심인 신타그마 광장에서 아테네 역으로 가는 지하철을 탔다. 출근길이 시작되기 전이라 그런지 그렇게 붐비지 않는 안에서 앉아 가다가 여유 있게 아테네 역에 도착했다. 생각보다 아테네 역은 크지 않았다. 공항도 그렇게 크지 않아서 궁금해 아테네 인구를 찾아보니 300만 명이 넘는 정도로 우리나라로 치면 부산이나 인천에 비견되는 도시였다. 그리고 그리스 인구가 천만 명 정도라서 약 1/3의 사람들이 수도에 사는 것이었다.

기차역에서 기차를 타기 전에 먼저 해결해야 하는 일이 있었는데 바로 예전에 잘못 예약한 기차표를 환불해야 했다. 날짜를 잘못 생각해서 예매한 걸 취소해야 했는데 환불은 안되고 바우처로 준다는 답변이 들려왔다. 혹시 데스크 직원의 대답을 우리가 잘못 들었나 싶어서 다시 물어봐도 똑같았다. 우리는 그리스 사람도 아니고 기차를 몇 번 타는 사람도 아닌데 바우처라니 뭔가 억울한 마음이 들었다. 날짜가 지난 것도 아니니 당연히 표 산 것을 수수료가 있더라도 취소가 되고 이를 환불해주는 것은 당연한 게 아닌가 우리는 생각했다. 그래서 다시 물어보고 해도 안된다는 답변만 돌아왔다. 인터넷을 찾아보니 해줬다는 사람이 있어서 믿고 온 건데 우리 정보가 틀렸는가 싶었다. 기차 역무원과 다른 직원까지 불러서 환불이 불가능한지에 대해 물어보았는데 계속 규정이 안된다고 하여 안타까웠다. 억울하기도 하고 우리가 동양에서 온 외국인이라서 그렇게 말하는 건가 혼자만의 상상을 폈는데 계속 항의하기에도 기차 시간이 다 되어 결국 20만 원 정도 되는 돈을 결국 환불 못 받고 바우처로 바꾼 다음 급하게 칼람바카행 기차에 올랐다.

잠든 아내와 속 편하게 만화 보는 아이

기차 안에서도 계속 바우처 생각에 그리스 북쪽으로 올라가며 바뀌는 주변 풍경을 둘러볼 마음이 나지 않았다. 어째서 이 커다란 액수를 환불이 안되고 단순히 바우처로만 주는 건지, 그러면 우리 같은 여행객은 결국 날짜 변경했다는 이유로 막대한 손해를 보아야만 하는 구조인가 싶어 이해도 안되고 화가 조금 나기도 했다. 그래도 우리가 모르는 사정이 있겠지 생각하면서 나중에 생각하기로 했다. 아침도 안 먹고 도착할 때까지 먹을 게 하나도 없어서 기차 안 승객이 먹다 남기고 간 콜라를 먹고 싶다는 생각까지 들었다. 아이는 칼람바카에 도착할 때까지 기차 안에서 막대사탕 2개, 초콜릿, 김 2봉지를 먹었다.

칼람바카라는 지명은 생소하지만 세계적인 명성을 가지고 있는 메테오라가 있는 곳이다. 먼저 예약했던 작은 호텔에 도착해 짐을 푼 후 점심을 먹기로 했다. 주인 할머니께서 굉장히 친절하게 맞아주셔서 마음이 편해졌다. 호텔 방으로 올라가는데 엘리베이터가 고전 영화에서 나오는 문을 여기 전에 철제문을 열고 닫고 하는 구조가 신기했다. 그분에게 식당 추천을 받아서 2차선 도로가 도심의 전부일 것 같은 작은 읍내로 나가 레스토랑을 찾아 들어갔다. 빵, 고기, 토마토, 치즈 등으로 이루어진 소박하면서 정갈한 그리스 음식을 맛볼 수 있어서 다들 원기 회복하고 나왔다. 그때 시간이 이미 오후 3시를 넘었기에 그 이후까지 개방을 하는 유일한 곳인 성 스테파노 수녀원에 갔다. 가기 위해서 택시를 이용했다. 비가 온 후 안개가 짙게 껴서 그런지 주변 풍경은 잘 보이지 않았다. 아내는 우리 가족 중 영어에 가장 능통했기에 택시 기사님에게 나의 질문을 받아 통역하는 역할을 했다. 그런 아내를 보고 아이는 이야기하지 못하게 아내 입을 계속 손으로 막는 시늉을 했다.

수녀원 앞에서 아이와 어머니

메테오라(Meteora)는 처음에 운석이나 뭔가 우주적인 것이 떠올랐
는데 그리스어로 공중에 떠 있다는 뜻이라고 한다. 직접 와서 보니
그 말 그대로 좁게 솟아 오른 바위 산 정상에 수도원들이 자리 잡고
있었다. 이곳 바위들은 높이가 평균 300m 정도인데 그리스 중북부
지방에 세워진 수도원들이나 이곳을 메테오라라고 부른다. 예전 다
큐멘터리에서 본 기억이 있는데 수도원은 예수 그리스도의 말씀을
되뇌고 기도와 수행으로 이루어진 곳이기에 외부인은 출입할 수 없
고 과거에는 교통시설이 전무해 계단이 없었고 물건이나 사람은 밧
줄과 도르래를 이용해 올라갈 수 있다고 했다. 수도원이 만들어지기
시작한 것은 14세가 되어서라고 한다. 성 아나타시우스가 최초의 수
도원을 세웠고 이후 16세기에는 20여 곳이 되는 수도원이 자리를
지키고 있었는데 현재는 수도원 5곳과 수녀원 1곳이 남아있어서 우
리가 가려는 곳은 그 수녀원이었다.

현재 남아있는 곳은 대 메테오라 수도원, 로사노 수도원, 성 니콜라스 수도원, 발람 수도원, 트리니티 수도원, 성 스테파노 수녀원이다. 지금은 방문객들이 편하게 올라올 수 있도록 도로와 계단을 통해 접근이 가능했다. 오스만 제국의 지배를 받았을 때에도 사라지지 않고 이어져 지금은 그리스와 정교회를 대표하는 장소로 오랜 문화를 지키며 살아가고 있다. 택시를 타고 도착한 수녀원은 다행히 문을 열고 있어서 방문이 가능했다. 좁은 문을 지나 경건한 분위기가 가득한 그곳에서 아이는 의자에 새겨진 갈기가 뾰족뾰족한 동물 입안에다가 손을 집어넣고 소리를 지르는 시늉을 하고, 성경이 놓인 책상에 달린 마이크에다가는 노래를 부르려고 했다. 이곳 분위기가 평범하지 않다는 것은 알았는지 자꾸 장난을 치려 해서 잡고 있느라 약간 진땀을 뺐다. 산 위에 있어서 작을 줄 알았는데 생각보다 시설이 잘 갖추어져 있어서 안에서만 본다면 이곳이 산 위에 있는 수녀원이라고는 생각이 안 들 정도였다. 아쉽지만 시간상 둘러본 후 다시 칼람바카 시내로 택시를 타고 나왔다.

아이를 유독 좋아했던 호텔 주인 할머니

그 택시 기사님께서 이곳을 둘러보려면 투어를 하는 게 좋다고 자신이 가이드를 해 줄 수 있는데 할 거냐고 물어보셨다. 어차피 이곳을 보는 것은 도보로는 불가능하고 비용도 생각보다 비싸지 않은 듯하여 흔쾌히 수락했다. 시내로 와서는 다들 아침부터 진을 빼서 카페에서 커피를 한 잔씩 하고 숙소로 가는 길에 보이는 식당에서 저녁을 먹었다. 닭고기와 양고기, 샐러드를 시켜 먹고 숙소로 돌아갔다. 호텔에 들어가 아내는 기차 바우처를 확인하기 위해 잠시 주인 할머니에게 로비에 있는 컴퓨터를 쓸 수 있는지 여쭤어 허락을 받고 그리스 철도청에서 검색해 약관을 한참 읽어봤다. 아이는 주인 할머니의 귀여움을 한 몸에 받으며 간식을 얻어먹었다. 주인 할머니께서도 손녀가 있는데 아이를 보니까 손녀 생각도 나고 귀여웠나 보다. 30분 정도 컴퓨터를 하고 난 뒤 아내는 역무원 말이 맞았다면서 바우처로만 교환이 가능하다고 했다. 약관이 그러니 그러려니 했지만 그렇게 큰돈을 취소하여 환불받지 못하면 우리 같은 여행객은 그저 손해를 볼 수밖에 없다는 구조가 이해가 가질 않았다. 아내도 이것 때문에 하루 종일 마음 쓰였을 텐데 여행하면서 겪는 또 하나의 경험이 되었다고 생각하기로 했다. 돌발상황이 많은 여행에서 이런 실수와 손해 보는 것은 경험의 기회비용이었다. 푸근하고 친절한 주인 할머니가 계시는 호텔 방에서 칼람바카의 첫날이자 마지막 밤을 보냈다.

칼람바카 마을에서 두 번 방문한 레스토랑

칼람바카 마을 중심지

묵었던 호텔 내부

경외심이 깃든 메테오라 수도원들

2018년 1월 15일(9일째)-칼람바카, 메테오라

어제 일 때문인지 다들 다소 졸린 눈으로 식당으로 내려가 그리스 스타일 조식을 먹었다. 주인 할머니께서 정성스럽게 빵, 햄, 치즈, 버터, 잼, 토마토, 과일, 커피를 차려주셔서 다들 배불리 아침을 먹고 든든하게 하루를 시작할 수 있었다. 오늘 저녁에 다시 아테네로 돌아가기 때문에 방에 올라가서는 짐 정리를 했다. 오늘 많은 풍경을 눈에 담고 아테네로 떠날 수 있기를 바랐다. 아침 9시에 약속을 잡았기에 시간에 맞춰 나가니 이미 택시 기사님은 호텔 앞에서 주차하고 기다리고 계셨다. 택시 기사님에게 생수를 드리니 고맙다고 받으셨는데 이미 옆에는 2~3병이 있었다. 기사님의 이름은 토마스였는데 이 마을에서 태어나고 쭉 자랐다고 했다. 소위 뼛속까지 이곳 사람인 기사님은 자신이 제일 좋아하는 코스로 데려다주신다고 하면서 오늘 안내자를 자처했다. 마을이 내려다 보이는 바위에서 사진도 찍고 아직까지 수도사들이 머문다는 수도원을 걸어서도 가보았다. 절벽에 굴을 파서 방을 만들고 창문을 내고 지붕을 연결한 모습에 종교적인 경외감까지 들었다. 다행히 다소 흐리긴 했지만 비가 내리지 않아 다니기에는 괜찮은 날씨였다. 지나가면서 초등학교가 보였는데 본인이 여기 졸업했다고 말씀해주셨다. 집 지붕이 주황색이라서 동유럽 느낌이 물씬 풍겼는데 관광하는 사람이 거의 없어서 어디든 가다가 마음 내키면 사진 찍고 그랬다. 여름이나 성수기에는 사람이 너무 많아서 배경을 찍으려고 하면 사람들이 다 나오는데 오늘 같은 날은 거의 보이지 않아 멋진 배경을 마음껏 담을 수 있었다.

스트라키 마을을 배경으로 한 컷

6개의 메테오라 수도원 중에서 총 3개의 수도원을 방문하기로 했다.
특이하게 바지를 입고 있어도 여성들은 무릎 아래로 내려오는 치마
를 입어야 해서 아내와 어머니는 치마를 빌려 수도원 안을 다녔다.
그중 첫 번째가 성 니콜라스 아나파우사스 수도원이었다. 개 중에는
아담한 시설이었지만 그래도 좁은 공간에 머무는 공간 외에 기도실,
도서관 등이 구비된 곳이다. 150여 개의 계단을 올라가면 산 위에
자리 잡은 수도원이 등장했다. 어제 수녀원은 택시로 바로 앞까지
갈 수 있었는데 비해 이 수도원은 올라가야 하는 것이 있어서 느낌
이 남달랐다. 1388년에 세워졌는데 1628년에 더 크게 확장이 되었
다고 한다. 가면 도르래나 밧줄 등 실제로 사용된 것들을 볼 수 있
었다.

대(大) 메테오라 수도원에서 한 컷

두 번째로는 발람 수도원을 갔다. 1350년 수도자 발람에 의해 시작된 교회가 1518년 재건되면서 발람 수도사의 이름을 기려 수도원 이름이 되었다. 두 번째로 크고 가장 아름다운 수도원으로 일컬어진다고 하는데 멀리서 보면 좁아 보이는 수도원과는 다르게 작은 광장도 있어서 상대적으로 답답하지 않은 모습을 보여줬다. 이때는 날씨가 갑자기 안 좋아져서 주변이 물안개로 가득해 수도원에서 바깥 경치를 바라보는 게 쉽지 않았다. 안에서는 성화 복원 작업이 한창이어서 진귀한 구경을 할 수 있었다. 전문가의 솜씨가 정말 놀라워 쓱 쓱 그리는데 바로 성화가 완성되고 있었다. 한 곳에는 12,000명을 먹일 수 있는 물량을 가진 포도주 통이 있었다. 수도원 근처에서 예전에는 포도를 키워 포도주를 만들었나 보다. 지금은 그래도 편하게 계단을 통해서 다닐 수 있는데 예전에는 도르래와 밧줄만을 이용해 다녔을 거라 생각하니 오스만 제국의 핍박을 피해 지켜낸 정교회의 수도사들의 신앙심에 절로 고개가 숙여졌다.

이어서 마지막으로 대(大) 메테오라 수도원을 방문했다. 가장 높은 곳에 위치해 있으며 가장 깊숙한 곳에 자리 잡고 가장 규모가 큰 수도원이라고 한다. 아타나시우스에 의해 지어진 수도원으로 예수 그리스도의 탄생, 죽음, 부활을 묘사한 프레스코화가 남겨 있고 본당 한쪽에는 이곳에서 지내다 숨진 수도사들의 유골이 있는 방이 있었다. 실제로 이렇게 많은 해골을 보니 오금이 살짝 저렸지만 죽음에 이를 때까지 이곳에서 기도하고 수행했을 수도사들이 떠올라 그들의 역사가 보이는 듯했다. 벽화는 크리스트교 핍박과 여러 성인의 내용이 그려 있었고 규모가 상당히 커서 둘러볼 곳도 많았고 성화도 판매하고 있었다. 방문을 마치고 메테오라를 쭉 택시로 돌며 좋은 장소가 있으면 차를 세우고 사진을 찍어 남겼다. 터키 카파도키아처럼 이곳 역시 경이로운 자연과 인간의 신앙이 빚어낸 멋진 문화 예술 작품이 되었다. 앞으로도 인류의 자랑스러운 유산으로 오랫동안 보존되길 바라는 수도원이었다. 그리고 죽어있는 유적이 아니고 지금도 수도사들이 밤낮으로 기도하며 인간의 숨결이 꺼지지 않는 공간이라는 생각에 종교가 가진 힘을 생각해보게 되었다. 아이는 이런 시설에 대해서는 별 관심을 보이지 않았다. 그저 계단을 많이 오른다는 것과 주변 동물, 풀에 관심을 가졌다. 수도원에 사는 고양이가 귀엽다며 등을 살짝 만져보기도 했다.

안개가 어느 정도 걷힌 메테오라의 경치는 우뚝 솟은 산과 수도원을 배경 삼아 절경의 극치였다. 그렇게 여러 장 사진으로 추억을 남기고 투어를 마쳤다. 성스럽고 고요하며 경이로운 시간이었다. 택시 기사님이 안내를 너무 잘해주셔서 정말 유익한 시간이었고 가격 외에 미처 생각을 못한 나머지 팁을 드리지 못했던 것이 아직도 아쉬움으로 남았다. 기사님은 SNS를 했기에 서로 아이디를 교환해서 인터넷으로 가끔 연락을 주고받고 소식을 전하기도 했다. 칼람바카 시내로 와서 저녁으로 어제 갔던 레스토랑을 갔다. 다시 가게 된 이유는 기사님에게 식당 추천을 받았는데 기사님도 이 식당을 추천했기 때문이다. 그곳에 가서 어제와는 다른 메뉴로 생선 구이, 돼지고기 구이와 양고기 수육 등을 시켜 맛있게 식사를 마쳤다. 식사 후 기차 타기 전에 시간이 있어서 카페에서 잠시 여유를 만끽하고 칼람바카 역에 가서 기차를 탔다. 그리고 다시 그리스 수도 아테네로 향했다.

발람 수도원

메테오라 전경

성화 복원 작업

그리스 신화의 도시, 코린토스

2018년 1월 16일(10일째)-코린토스

메테오라에서의 짧았던 시간을 뒤로하고 아테네로 돌아와 밤을 보내고 아침이 되었다. 말처럼 정말 공중으로 붕 떠 있던 수도원에서의 기억은 강렬하게 뒷머리에 남아 나의 시선을 끌어당기고 있었다. 화창한 아침을 오늘도 기차에서 맞이해야 했기에 아침 식사로 삶은 달걀, 요거트, 오렌지 등으로 배를 채우고 지하철역으로 갔다. 터키와 마찬가지로 그리스도 유제품이 유명해서 건강한 요거트를 많이 먹을 수 있었다. 오늘은 코린토스를 가는 날이었기에 기차를 또 타야 했다. 지하철에서 내려 출구를 잘못 나오는 바람에 조금 헤매다가 또 가까스로 기차에 올라탈 수 있었다. 계속 날씨가 따뜻해서 패딩은 벗어버리고 다들 가벼운 가을 날씨 차림으로 다녔다. 기차 안은 사람들이 많이 없어서 아이는 어머니와 함께 다리 뻗기 게임을 하며 아침을 즐겼다.

기차 안에서 다리 뻗기 놀이

이번 여행에서 어머니가 나이도 있으신데 우리 부부를 따라다니시느라 고생을 많이 하셨다. 본인은 말씀 없으셨지만 아무리 걷는 것을 좋아한다 해도 젊은 사람들 걸음걸이를 따라갈 수 없는 것이기 때문이다. 그렇기에 나로서는 어머니와 함께 여행하는 시간이 더없이 소중했다. 어머니는 결혼한 젊은 시절엔 가난하게 시작해 먹고살기 바빠 해외는커녕 국내 여행도 변변히 다닌 적이 없고 내가 대학 4학년이 되었을 때 같이 떠난 여행이 첫 해외여행이었다. 나도 일을 하고 결혼을 하면서 어머니와 함께 여행을 다니게 되어 참 감사했다. 무엇보다 여행은 평소보다는 사진도 많이 찍고, 영상도 남기고, 또 이렇게 글로 남기기도 하니 어머니에 대한 기억을 보존할 수 있다는 게 고마운 일이었다. 아이도 어머니와 함께 다니니 우리 부부가 길을 찾거나 논의를 할 때 붙어있을 수 있어서 아이 돌보기에도 도움을 많이 받았다. 계속 건강하게 다닐 수 있으면 정말 좋겠지만 나이가 드는 것은 자연의 섭리이고 우리도 언젠간 여행 다닐 수 없을 정도로 나이가 들 수 있으니 함께 할 수 있는 지금 이렇게 즐기고 남기는 것에 감사하게 생각하며 여행의 시간을 보내면 더없이 좋겠다.

새파란 하늘과 초록 풀밭에서 찾아낸 들꽃

칼람바카를 갈 때와는 다르게 정말 TV광고에 나올 듯 새파란 물감을 아낌없이 칠 한 하늘이 가득해 잡티 하나 없는 공기 그 자체를 느끼게 해주는 날씨였다. 이런 날씨 속에 사는 사람들은 얼마나 행복할까 하는 생각이 들었다. 도착한 코린토스 역은 깔끔하지만 작은 역이었다. 그리고 주변이 다소 황량한 곳이라 세련된 역사가 우두커니 서 있다는 느낌을 받았다. 바로 근처에 자동차 판매점들이 늘어서 있었는데 우리나라 기업 브랜드도 있어서 반가운 마음이 들었다. 코린토스 시내까지는 택시를 타고 가려고 잡아 탔다. 기사님에게 코린토스에 대해 듣고 싶어서 이것저것 질문을 했는데 영어를 못하시는 분이라 경치 감상을 하면서 시내에 도착했다.

금방 도착한 코린토스는 사도 바울이 방문했던 도시 국가로 성경에 등장하는 고린도가 이 코린토스이다. 사도 바울은 신약 성경에 편지를 통해 글을 많이 남겼는데 서기 51년과 57년에 방문해 쓴 글이 고린도전서와 후서이다. 그리스에서 굉장히 부유했던 나라로 한때는 아테네를 위협하기도 했다. 펠로폰네소스 반도의 좁은 지협에 위치하여 이오니아해와 에게해를 잇는 해상 교통의 요지로 무역 활동하기에 편했는데 오면서 코린토스 운하가 잠깐 보였었다. 그리스의 여러 도시 국가가 쇠퇴했던 헬레니즘 시대에도 번영을 구가했다. 나중에 기원전 146년 로마제국이 이 도시를 파괴하는데 카이사르의 명으로 기원전 44년에 다시 만들어져 이어지다가 후에 서기 6세기 지진으로 인해 점차 쇠퇴하게 된다. 일찍부터 번영을 누린 도시여서 기원전 7~6세기에는 코린트 도자기가 유명해 지중해 각지로 수출되었다고 한다. 그리고 무엇보다 매춘이 유명해서 아프로디테 신전에는 천 명이 넘는 매춘부들이 있었다고 전해진다. 그래서 고대 그리스에서는 코린토스 사람은 매춘부라는 인식이 강했는데 이 도시의 수호여신이 아프로디테였고 신전에는 항상 많은 매춘부가 있었기 때문이다. 도덕적으로 문란하고 타락했던 이 도시는 크리스트교가 전파되기 어려웠다. 그에 따라 사도 바울은 코린토스에 있는 크리스트교도들에게 두 번의 편지를 썼고 이 편지들이 신약 성경에서 고린도전서와 후서로 인정받고 있다. 신약 성경 사도행전 18장에 바울이 코린토스에 교회를 설립하고 고린도전서와 후서에는 코린토스의 문란함, 경계에 대해 이야기하고 있다.

고대 미케네 문명에서 시작해 성경에 등장하고 지금까지 이어지고 있는 도시는 말끔한 모습을 하고 있지만 고대 코린토스의 잔해는 남아 우리가 걷는데 좋은 배경이 되어주고 있었다. 손에 꼽히는 화창한 날씨 덕분에 아이도 마음껏 뛰며 풀밭에 있는 꽃을 찾거나 했다. 아폴로 신전이나 아고라, 재판장 같은 경우는 어느 정도 형태를 알아볼 수 있지만 이미 2,000년 전의 도시라 잔해로 남겨진 경우가 많아 언뜻 보면 그저 폐허가 남겨진 곳으로 생각될 수 있었다. 한가로이 거닐면서 이곳을 걸었을 코린토스 사람들을 생각하며 함께 걸어보고 어떤 건물 일지 상상해보았다.

고대 코린토스 유적 뒤로 거대한 산이 하나 있는데 그 산이 바로 유명한 시시포스 신화에 등장하는 산이다. 코린토스의 왕으로 꾀가 많았던 시시포스는 제우스에게 화를 당해 저승에 갔는데 저승의 신인 하데스를 속이고 오랫동안 살았다고 한다. 그래서 그에 대한 벌로 무거운 바위를 산 정상으로 밀어 올리고 다시 떨어지면 밀어 올리는 형벌을 영원히 받도록 했다는데 지금 이 순간에도 산 어디선가 바위를 밀어 올리는 그를 생각하니 실소가 터져 나왔다. 그의 꾀를 보여주는 대표적인 예가 아우톨리코스를 속인 이야기이다. 아우톨리코스는 재주가 좋아서 소를 훔쳐 소의 빛깔, 모양을 마음대로 바꿔 못 찾게 했는데 시시포스가 자신의 소는 발굽에 이름을 새겨 두어 나중에 발견했다는 것이다. 어렸을 때 읽었던 그리스 로마 신화 이야기의 현장에 지금 와서 보니 문명사회에서 가지는 그리스의 위상이 크다는 게 느껴졌다. 유적을 둘러본 후 코린토스 고고학 박물관으로 향했다. 1932년에 지어진 박물관으로 그렇게 크지 않아 저번에 가봤던 에페소스 박물관보다 작게 느껴졌다. 야외에도 각종 조각상 유적이 있었고 내부에는 이곳에서 발굴된 조각상, 도자기 등이 전시되어 있었다. 특히 디오니소스 머리가 장식된 모자이크가 유명한데 마침 볼 수 있어서 기분이 좋았다.

코린토스 유적 관람을 끝내고 시내로 들어와 점심 식사를 하기로 했다. 작은 동네지만 많은 관광객이 오가는 곳이라 그런지 식당이 제법 있었다. 날씨가 춥지 않아서 노천에서 밥을 먹었다. 그릭 샐러드와 그리스 꼬치구이인 수블라키, 오렌지 주스, 그리스에서만 판다는 커피 프라페를 주문했다. 커피 프라페는 그리스 여행 내내 많이 먹었는데 꼭 현지에서만 팔거나 유명한 음식이 있으면 먹어보는 스타일이라 많이 먹었다. 그리고 인스턴트커피 같은 달달한 맛과 시원한 맛이 있어서 이렇게 여행하면서 걷고 땀이 났을 때 보충으로 그만이었다. 맛있게 식사를 하고 이번에는 코린토스 현재 시가지를 구경하기로 했다. 점심 지난 후이지만 문을 벌써 닫은 가게도 있어서 조금 놀라웠다. 우리나라는 밤늦게까지 영업하고 아니면 24시간 동안 하는 것이 일반적인데 작은 도시이긴 해도 영업시간이 짧다는 게 다소 신기하긴 했다. 저번에 아고라를 가지 못한 것도 개방 시간이 짧아서 그런 거였는데 이 나라 사람들의 생활 습관이 부러웠다.

거리는 우리나라 소도시와 비교해서 깔끔한 인상을 주었다. 차도 많지 않았지만 거리나 건물들이 잘 정비되어 있고 특히 보도블록이 반듯반듯한 돌로 맞추어져 있어서 정갈해 보였다. 여유롭게 햇살을 맞으며 거리를 걷고 있는데 바닷가 쪽에 있던 큰 분수에 페가수스 청동상이 있어서 궁금증이 일어나 찾아보았더니 페가수스가 코린토스 성벽에 있는 페이레네 샘을 좋아해 이곳에 와서 물을 마시곤 했다는 것이다. 그리고 난폭했던 페가수스를 벨레로폰이 여기서 고삐를 다는 일에 성공하고 페가수스를 타고 괴물 키마이라를 퇴치했다고 한다. 생각보다 코린토스는 신화와 성서의 중심 무대였다는 게 실감났다. 바닷가까지 둘러본 후 시내에 있는 카페에 어른들은 커피 한 잔씩, 아이는 초콜릿 푸딩을 먹었다. 오전에 많이 걸어다닌 아이에게도 당 충전은 필수였다. 평온하고 깨끗했던 도시를 해질녘까지 만끽하다가 아테네로 가는 기차를 타기 위해 다시 역으로 왔다. 타는 사람도 별로 없고 기차 안에도 사람들이 별로 없어서 넉넉하게 갈 수 있었다.

푹 잠든 어머니와 아이

기차 타기 전부터 내 품에서 자던 아이는 기차에 타서도 내내 잠을 잤다. 어머니가 안고 아이는 그 품에서 단잠을 자고 역에 내려서 깼다. 다들 저녁은 무얼 먹을까 하다가 매콤한 국물이 생각나 아시아 음식점에서 먹기로 결정했다. 이곳까지 와서 아시아 음식점이라니 이상하겠지만 벌써 여행한 지 열흘째인데 계속 식사로 빵, 버터, 구운 고기, 샐러드 같은 음식만 먹으니 맵고 짠 음식이 생각나긴 했다. 한국 음식점도 아테네 시내에 있긴 했지만 평이 그렇게 좋아 보이진 않고 여기까지 와서 한국 음식을 먹지 않겠다는 알량한 자존심 때문에 아시아 음식으로 돌렸다. 아테네 역에 내려 아시아 누들 음식점에 갔는데 그리스 사람 외에 아시아인도 몇 명 있긴 했다. 나온 비주얼은 나쁘지 않았지만 국물을 한 번 떠먹어보고는 다들 서로의 눈을 쳐다봤다. 첫 실패였다. 일단 면 음식은 면도 중요하지만 국물이 생명인데 맛이 우리 입맛에는 전혀 맞지 않았다. 거의 남긴 채로 나왔다. 역시 현지에서는 현지 음식을 먹어야 한다. 아이를 위해 주문한 새우 볶음밥은 그래도 먹을만해서 다행이었다. 그렇게 배고픔을 남긴 식사를 마쳤다. 숙소로 돌아와서 전에 해놓은 빨래를 만져보니 다 말라 있었다. 빨래를 개고 내일 가볼 곳을 정리했다. 내일은 온전히 아테네를 구경하는 날이라 다들 기대가 컸다.

고대 코린토스 아폴론 신전

페가수스 청동상

아테네에서 고대인이 되어 보기

2018년 1월 17일(11일째)-아테네 구시가지

느긋하게 아테네 시내를 걷는 날이라 다들 급하지 않게 아침에 눈을 뜨고 준비했다. 여전히 아침은 과일과 요거트, 빵, 삶은 달걀이었다. 숙소에 드립으로 커피 내리는 것도 있어서 커피도 한 잔씩 했다. 호텔이 아닌 이런 집에서 숙박을 하다 보니 일정도 자유롭고 음식도 만들어 먹을 수 있어서 편한 것이 있었다. 물론 침대 시트나 수건 교환이 되지 않는 등의 불편함은 있었지만 그것들은 세탁을 하면 되니 문제 될 것이 없었다.

아테네는 말 그대로 구름 한 점 없는 화창한 날씨여서 패딩은 벗고 가기로 했다. 그러고 보니 아테네에서는 초가을 날씨처럼 날이 좋아 겨울이라는 것이 전혀 실감 나질 않았다. 첫 번째로 방문할 곳은 올림픽 경기장이었다. 고대 파나티나이코 경기장이 있던 자리에 만들어진 제1회 올림픽 경기장은 눈부신 대리석으로 빛을 발하고 있었다. 세계에서 유일하게 전부 대리석으로 만들어진 주경기장이라고 한다. 8만 명을 수용할 수 있다고 전해지는데 고대 그리스의 양식을 따르면서 멋지게 지어진 경기장이었다. 최근에도 사용되며 우리에게는 2004년 아테네 올림픽 당시 양궁 경기 장소로도 알려져 있다.

경기장에서 어머니와 아이

이곳은 예전 학창 시절 체육 시간에 올림픽의 역사를 배우면서 보았던 그 장소였다. 알다시피 올림픽은 고대 그리스 올림피아 제전에서 유래된 국제 이벤트이다. 올림피아 제전은 기원전 776년부터 해서 4년에 1번씩 총 293번이 개최된 굉장히 유래가 오래된 그리스인들의 화합 축제였다. 고대 그리스에는 각 지역에 신을 찬양하기 위한 제전이 있었는데 그중 가장 오래되고 대표적인 것이 올림피아 제전으로 이는 제우스에게 바치는 종교행사로 시작되었다. 그리스는 이 당시 도시 국가인 폴리스로 이루어졌기 때문에 그리스인이라면 누구나 참여 가능했다. 당시 풍습이 그랬겠지만 여성은 선수 참가는 물론 관람도 할 수 없었다. 이는 여성 인권이 낮은 것도 있지만 남성들이 발가벗은 채로 운동 경기를 했기 때문이다. 그리스 박물관에서 도자기를 볼 때 옷을 벗고 달리기 하거나 창을 던지는 모습이 있는데 그 당시에는 그렇게 운동을 했었다. 대회 기간은 처음은 1일이나 나중에는 5일로 연장되었다. 그리고 그리스에서 지중해에 있는 식민지까지 참가가 확대되었다. 경기는 처음 단거리 달리기 단일 종목이었으나 나중에 중거리, 장거리, 5종, 레슬링, 권투, 전차 경기 등이 추가되었다고 한다. 조금 더 자세히 이야기하자면 그 당시 종목 중에 특이한 것도 있는데 판크라티온이라는 경기가 있다. 지금으로 보면 이종격투기 같은 경기라고 생각될 수 있는데 레슬링과 복싱을 합쳐 물어뜯기, 눈 찌르기 등을 제외하고 모든 공격이 허용된 운동 경기였다. 잔혹한 경기로 유명했지만, 오히려 그 때문에 인기가 높았다고 한다. 7회 대회부터 올리브 가지로 만든 관을 머리에 씌어줬는데 그 전통이 지금까지 내려오고 있다.

역사가 깊은 올림피아 제전이 중단되게 된 이유는 로마제국 치하에 있으면서 올림픽 정신의 쇠퇴, 그리스 인구 감소도 있지만 테오도시우스 황제가 392년 크리스트교를 국교로 인정하고 이단을 금지시키자 폐지되었다. 그러다가 1896년 프랑스 쿠베르탱에 의해 부활하여 그리스 아테네에서 근대 올림픽으로 다시 시작하게 되었다. 지금은 하계와 동계 올림픽이 따로 있지만, 처음에는 하계만 있었고 지금도 올림픽 하면 하계 올림픽을 많이 떠오르게 한다. 올림픽은 나 같은 일반인들에게 있어서 4년마다 세계 최고 실력의 선수들의 모습을 볼 수 있는 기회이고, 스포츠인이라면 언젠가 메달을 목에 걸어 보고 싶은 세계 최고의 경기일 것이다. 지금 올림픽은 그 전통을 이어받아 4년씩 세계 여러 나라를 돌면서 개최를 하고 있다. 그리스 아테네에서 개최된 제1회 경기에서는 13개 나라, 311명의 선수가 참가했고 종목은 10개였으며, 우리나라도 냉전 막바지인 1988년 제24회 서울 하계 올림픽을 개최했다.

서울 올림픽 포스터 앞에서

걷다 보니 다소 덥게까지 느껴지는 날씨 속에서 트랙을 달려보기도 하고 대리석 관람석에 앉아 전체를 바라보기도 했다. 트랙을 달리면서 상쾌한 기분을 느끼고 이곳을 달렸을 예전 사람들을 생각하며 감회에 젖었다. 아이는 내가 사진을 찍자 빌린 오디오북을 사진기 삼아 본인도 찍는 시늉을 했다. 아내의 말을 빌리자면 "엄마 쭈그려봐. 대박."하면서 부르거나 행동하는 것도 나를 따라 하려는 게 보인단다. 구경하는 사람들이 거의 없어서 우리가 전세 낸 것처럼 여기저기 뛰어다니면서 사진도 찍고 놀았다. 맨 위에 올라가서 전체를 담아 사진을 찍기도 했다. 그리고 올림픽 전시실이 있어서 그곳에도 가보았다. 올림픽 전시실은 규모가 그리 크지 않았지만 역대 근대 올림픽 개최지의 포스터와 성화봉이 전시되어 있어서 당연히 우리나라 제24회 서울 올림픽을 찾아 보았다. 많은 나라 속에 우리나라 포스터와 성화봉이 있으니 뭉클하기도 하고 자랑스럽기도 했다. 포스터도 당시 정서를 잘 반영하면서 역동적인 분위기가 잘 드러나 최고의 포스터라는 생각이 들었다. 여기서 아이와 함께 사진을 찍으니 근처에 계시던 아주머니 두 분이 한국 사람인가 보다고 말을 건네셨다. 이 먼 곳에 같은 곳을 보러 온 한국 아주머니들이셨다. 건물 밖으로 나오는 길에는 한국 방송국에서 다큐멘터리 촬영을 하는 걸 봐서 신기한 경험을 했다. 그렇게 장엄한 올림픽 경기장 구경을 끝낸 우리는 아고라를 향해 걸었다. 걷는 것만으로도 기분이 좋아지는 시간이었다.

아고라는 배우길 시민 토론의 장이라고 배운다. 넓은 광장에 이것저것 물건을 팔기 위해 사람들이 모이고 모인 사람들은 저마다의 말을 하고 그 말들이 오가며 토론이 되고 여론을 형성한다. 광장이기에 중심에 있어야 하고 그 주변에는 각종 신전, 공공건물이 자리 잡고 있다. 우리가 가려는 곳은 고대 아테네의 아고라로 그전에 봤던 에페소스, 코린토스처럼 잔해만 남아있는 형태였지만 그래도 건물이 좀 남아있는 부분이 있었고 관리를 하고 있다는 느낌을 받았다. 이곳은 아테네의 정치, 경제, 종교, 문화의 중심지로서 역할을 톡톡히 한 곳으로 고대의 영화가 느껴지기에 충분했다. 이 아고라에서 올려다보면 멀리 아크로폴리스가 보였다. 지금은 헤파이토스 신전이 그나마 보존이 되어 있어서 그 주변으로 둘러보면서 크기를 짐작해보았다. 소크라테스를 비롯한 수많은 고대 그리스 철학자들이 침을 튀어가며 열띤 이야기를 벌였을 장소에 함께 있으니 이 역시 기분이 묘했다. 복원되지 않은 유적은 복원된 유적과는 다른 감정을 갖게 한다. 몇천 년 전에 몇백 년 전에 이 자리에 서서 일상을 보냈을 그들이 지금은 흙 속에 잠겨 사라지고 없지만 그 잔해가 남아 만지작거리면 손끝에 전해지는 그 차가운 돌덩이일지라도 이야기를 하고 있는 듯했다. 깨끗하고 세련되게 복원이 된 건물은 시각적으로 무엇인지 보기도 쉽고 느낌이 직각적으로 오지만 이런 잔해들은 유추해보고 상상해보는 재미가 있었다.

쉴 때는 만화 영상이 최고

아이는 왜 돌덩이를 사람들이 보는지 모르겠다며 관심을 가지지 않고 오로지 풀밭의 꽃, 곤충의 움직임에 신기해하고 빠져들었다. 신전에서 내려오는 길에는 거북이가 있어서 그것을 또 한참 바라보았다. 아고라까지 즐긴 다음 카페에 가서 간단하게 식사를 하기로 했다. 카페라테, 에스프레소, 커피 프라페, 오렌지 주스와 함께 파니니 샌드위치와 구운 식빵을 주문해서 지나가는 사람들, 그리스 유적들을 바라보며 오후의 한때를 즐겼다. 노천카페가 많아서 흔히 생각하는 유럽 거리 풍경에 우리가 앉아 있으니 이것 또한 좋았다. 카페에 나와 걷는데 아이가 졸려 하길래 안고 다니기가 조금 힘들어 편법을 썼다. 바로 아이스크림으로 유혹해서 잠을 깨웠다. 돌아다닐 때 자버리면 내가 안고 걷는데 물건을 들고 있거나 짐이 있으면 상황이 더 힘들어지니 최대한 낮에는 안 재우고 간식으로 잠을 깨게 했다. 반아기 반 어린이인 아이에게 재미도 없는 곳을 보고 걷고 하는 것이 쉽지 않은 게 분명했다. 그래서 밥 먹을 때는 좋아하는 만화를 보여주거나 최대한 쉴 수 있도록 했다.

저녁을 먹기 전에 잠깐 시간이 나서 쇼핑을 하기로 했다. 그리스이기 때문에 올리브 오일, 올리브 비누 등을 사고 나는 가죽 샌들을 샀다. 여름에 신으려고 샀는데 아직까지 한 번도 신어보질 못했다. 저녁은 어제의 실패를 만회하기 위해 검색을 해서 중국 레스토랑을 찾았다. 그곳에서 짬뽕과 볶음밥, 탕수육을 주문해 먹었는데 이건 나름 성공이었다. 일단 어머니와 아내는 살짝 매콤하면서 국물 있는 음식을 먹을 수 있어서 좋아했고 볶음밥도 아이 입맛에 딱 맞았다. 마지막 아테네의 밤이 아쉬워 숙소로 바로 가지 않고 카페에 가서 지나가는 아테네의 밤을 잡아 보았다.

아테네 파나티나이코 경기장

고대 아테네 아고라

푸른 빛깔의 산토리니 입성

2018년 1월 18-19일(12-13일째)-아테네 구시가지, 산토리니

일어나서 바로 짐을 싸기 시작했다. 널어놨던 빨래들도 걷어서 개고 캐리어에 담았다. 아테네를 떠나 산토리니에 가는 날이기 때문에 비행시간이 오후여도 오전에는 아테네 시내를 나가기 위해 부지런히 준비했다. 아이는 아침마다 숙소에 있는 TV로 알아듣지 못하는 그리스 만화에 빠져있었다. 캐릭터들의 동작만으로도 깔깔 웃으면서 열심히 봤다. 덕분에 아침에 일어나서 준비하는 게 수월해지긴 했다. 그렇게 아침에 짐을 싸서 나왔다.

먼저 숙소가 있는 신타그마 광장에 가서 국회의사당 근위대 교대식을 구경하기로 했다. 신타그마 광장은 아테네 중심으로 서울로 치면 종로, 명동에 해당되는 지역의 중심이라 할 수 있다. 아테네의 거리는 이곳을 기점으로 삼는다고 하는데 신타그마(Syntagma)라는 뜻은 헌법의 광장이라는 뜻이다. 1843년 이곳에서 최초의 그리스 헌법이 공포되었기 때문이다. 아테네 최고 번화가이기 때문에 주변에 빌딩도 많고 관공서, 호텔, 여행사, 쇼핑 가게도 많이 있다. 뒤에 바로 국회의사당이 있는데 광장에는 전통 복장을 입은 근위병이 1명씩 서 있었다. 서로 30분마다 자리를 바꾸며 1시간이 지나면 근위병 교대식을 하는데 그것을 보러 광장으로 왔다. 밤에 잠깐 비가 내렸는지 살짝 젖은 광장은 교대식을 보러 관광객과 그리스 사람들 몇 명이 기다리고 있었다. 앞코에 검은 털이 달린 신발을 신고 바지로는 하얀 타이즈를 입고 무릎에는 검은 솔이 달린 띠를 두르고 위에는 단추가 달린 반코트를 입고 있었다. 모자는 붉은색으로 챙이 없고 오른쪽으로 길게 솔이 있었다. 솔은 거의 허리까지 내려왔다. 이윽고 교대하기 위한 병사가 왔고 천천히 그러면서 절도 있는 제식으로 교대식을 마쳤다. 시간은 오래 걸리지 않아서 금방 끝났다. 익히 들어온 영국의 왕실 근위대와는 차이가 많이 있었지만 그리스 문화를 엿

볼 수 있는 좋은 경험이었다.

신타그마 광장에서 비둘기와 함께

점심으로 무엇을 먹을까 고민하다가 일단 공항으로 가야 해서 시간
이 많지 않았기에 두리번거리다 이탈리아 레스토랑이 보이길래 그리
로 들어갔다. 사실 매번 그리스 식당에 가면 그릭 샐러드, 수블라키,

요거트 등을 주문하는 게 일상이어서 익숙하지만 눈에 보이는 식당으로 들어갔다. 먼저 커피 3잔과 오렌지 주스를 시키고 음식이 나오길 기다렸다. 바질 페스토 파스타와 치즈피자, 꼬치구이는 평범한 익히 아는 맛으로 다소 있던 가격에 비해서 조금 아쉬움이 있었다. 식사를 마치고 기차를 이용해 아테네 공항으로 갔다. 저번에 받았던 바우처로 결제를 하긴 했지만 뭔가 쓸 수 있는 잔액이 많이 남았는데 다시는 쓸 일이 없으니 강제로 기부하는 느낌이었다. 공항에 도착해서 수속을 무사히 밟고 비행기에 탔다. 개인당 짐이 들고 있는 것도 포함해 무조건 1개만 되고 검사가 조금 깐깐해서 유럽 저가 항공이라 그런가 싶었다. 그래도 우리의 길잡이가 되어 안전하게 데려다 줄 비행기였다.

오후 3시 35분에 비행기에 올라 산토리니로 출발했다. 이날 바람이 너무 세차게 불어서 도착할 수 있을지 염려가 되는 상황이었다. 비용 때문에 나와 어머니는 각자 따로 앉고 아내는 아이와 함께 앉았다. 지정 좌석을 신청하면 비용이 올라가니 두 자리만 붙이고 나머지는 지정하지 않았다. 출발하자마자 나는 깊은 잠에 빠져들었다. 간간히 기체가 흔들리고 있다는 느낌은 받았지만 고개를 숙이고 단잠에 빠졌고 갑자기 박수 소리에 눈을 떴다. 둘러보니 공항에 도착했는데 사람들이 환호성을 지르고 손뼉 치고 있는 게 웬일인가 싶었다. 내려서 어머니에게 물어보니 바람이 엄청 심하게 불고 기체가 떨었고 그래서 착륙했을 때 무사히 도착해서 조종사에게 감사와 안도의 박수를 사람들이 보낸 거라고 했는데 그때 나는 자느라 몰라서 어느 정도인지 체감이 나질 않았다. 산토리니 공항은 작았고 바람은 굉장히 심하게 불고 있었다. 이래서 비행기가 착륙 못 할 수도 있었구나 하는 생각이 들었다. 미리 픽업 예약을 해서 나오신 기사님이 오늘 비행기 안 뜰 줄 알았다고 바람이 엄청 심하게 불어서 착륙한 게 신기하다고 하셨다. 자동차를 타고 북쪽에 있는 이아마을을 향해 갔다. 절벽 사이로 도로가 나 있고 좁은 도로를 달리는 자동차에서 바라보는 풍경은 이곳이 화산 폭발로 만들어진 섬다웠다.

이아마을 골목길 산책

산토리니를 오게 된 것은 전적으로 아내의 의견이 컸다. 신혼여행지로 유명한 이곳을 겨울에 오게 된 것도 그리스에 온 김에 꼭 가보고 싶다고 해서 왔는데 그림과 엽서, 사진으로만 보던 장소에 직접 눈에 담아 가니 아내는 무척 기대감에 부풀어 올랐다. 바람이 세찬 날씨와는 별개로 말이다. 산토리니 섬은 본래 지중해의 큰 섬이었는데 기원전 1,500년경 화산 폭발로 인해 섬 대부분이 바다에 잠기고 남아있는 부분이 지금의 섬이 되었다고 한다. 가장 큰 섬인 티라 섬도 크기가 제주도보다 훨씬 작다. 이곳에 공항이 있는 것은 하얀 벽과 푸른 지붕을 보기 위해 방문한 전 세계 수많은 사람 때문이라고 생각했다. 푸른 하늘과 푸른 바다의 경계선에 쭉 늘어진 하얀 집들은 그리스에 대한 낭만을 품기에 충분했다.

이아마을에 도착해서 택시에서 내려 호텔 안내인을 만났다. 어디가 호텔인지 집인지 모르는 형태이기에 안내인이 꼭 필요했다. 아직까지 우리에게 산토리니는 허락되지 않는 땅이었다. 바람은 불고 계단은 많아 캐리어는 반 들다시피 가지고 다니고 아이는 매서운 바람에 눈을 못 떠 한 손으로 안고 다녀야 하는 곤욕이 있었지만 호텔 방을 안내받자 우리는 눈이 휘둥그레졌다. 회칠한 벽으로 둘러싸인 방은 크고 넓었으며 신혼여행으로 온 부부들이 즐기기에 완벽한 공간이었기 때문이다. 다들 시설에 대해 만족스러워했다. 비성수기라서 상당히 큰 숙소를 저렴한 가격에 빌릴 수 있기 때문에 가격 대비에도 만족했다. 짐을 풀고 나서 바람은 불지만 마침 노을이 지고 있는 석양이라 다들 수평선을 보러 나갔다. 해가 저무는 일몰에 내일은 바람이 불지 않고 화창하기를 기도했다. 저녁을 먹어야 하는데 바람도 불고 식당도 알지 못해서 어차피 물을 사야 했기에 근처 마트에서 간단하게 장을 보기로 했다. 마트 가는 내내 바람이 불어서 돌아올 때 힘들었지만 무사히 소박한 저녁 식사를 마쳤다. 아이에게는 달걀찜을 해주려고 오븐이 있길래 써봤는데 잘 안돼서 반절은 죽 같은 달걀찜이 되어 김을 넣고 먹었다.

바다를 보며 장난감을 생각하는 아이

다음날 아침 일어나서는 구운 식빵과 그릭 요거트, 햄, 잼과 드립 커피로 즐겼다. 창밖으로 보이는 산토리니 바다는 매끈한 얼굴을 자랑하며 우리를 반겼다. 드디어 이곳을 즐길 수 있는 문이 열린 것이다. 눈부신 햇살을 받으며 문을 나섰다. 어디가 바다이고 하늘인지 모를 정도로 새파란 날씨였다. 세상에는 흰색과 파란색만 존재한다는 듯이 최고의 날씨였다. 이아마을을 배경으로 아내는 모델처럼 사진을 찍어보기도 했다. 겨울이라 옷이 두텁다는 게 아쉬운 거라면 아쉬웠다. 오전에는 이아마을을 구경하고 짐을 챙겨 피라마을로 갔다. 버스를 타고 이동했는데 우리처럼 피라마을로 가려는 사람들이 여럿 있어서 심심하지는 않았다. 호텔 숙소는 바로 못 들어가고 일단 짐만 맡기고 점심을 먹으러 갔다. 길을 걷는데 이곳 명물인 당나귀들이 지나가고 있어서 아이는 타고 싶다고 했지만 바삐 가는 당나귀를 막을 수 없었다. 피라마을 중심가에 있는 한 식당으로 들어가서 볕이 좋으니 밖에 앉아 먹기로 했다. 처음 종업원이 그날 잡은 생선이라며 물고기들을 보여줬는데 신선해 보이긴 하지만 다들 물고기보단 다른 게 먹고 싶어 닭고기 필렛과 새우구이, 삶은 문어를 주문했다. 기억에 남는 것은 문어가 우리나라와 전혀 식감이 달라 먹는 방식이 다르다는 걸 느꼈다. 우리나라는 문어를 살짝 데쳐서 쫄깃쫄깃하게 먹는데 이곳에서는 더 삶아 부드럽게 녹듯이 씹히게 하는 맛이 있었다. 처음 먹어보고는 이게 맞는 건가 싶은 맛이었다.

피라마을은 산토리니의 중심이라 그런지 이아마을보다 훨씬 큰 크기를 자랑했다. 비도 안 내리고 날씨가 정말 좋아 코린토스 갔을 때와 더불어 최고의 날씨를 자랑했다. 어머니는 본인 어릴 때 날씨 같다며 좋아하셨다. 종일 골목길을 뛰어다닌 아이는 졸린지 내 품에서 계속 잤다. 그런 아이를 안고 제일 높은 곳까지 올라가서 노을을 보았다. 사진으로는 담을 수 없는 정말 아름다운 풍경이었다. 안고 가는 도중 팔도 저리고 땀도 많이 났지만 그렇게 함께 보는 노을은 그리스 바다의 낭만을 두 눈에 담기에 충분했다. 내려오는 길에는 호텔에서 추천해 준 레스토랑에서 식사를 했는데 거대한 티본 스테이크와 와인을 주문해 끝나가는 여행을 기념했다.

산토리니 해안

노을에 젖어가는 피라마을

그리스 산토리니에서 터키 이스탄불까지

2018년 1월 20-22일(14-16일째)-산토리니, 아타튀르크 공항

아직 한밤 중인 것 같은데 부스럭거리는 소리가 들리고 어머니가 일어나셨다. 알람 소리가 울리면 어머니는 창문을 열고 TV를 켜셨다. 나와 아내, 아이는 아직 침대에 누워 꿈에서 빠져나오기 위해 부둥거리는 사이 어머니는 테이블을 치우고 호텔 조식을 받아주었다. 여행 내내 어머니는 묵묵히 잘 걷고, 도움이 필요하면 언제든 아이를 맡아서 돌보고 해주었다. 남들이 볼 땐 할머니인데 우리는 그러한 어머니와 함께하는 여행에서 모신다는 생각보다는 우리와 함께하는 여행자라는 생각이 있어서 어머니는 같이 자유 여행에서 고생하는 일원으로 애썼다. 어머니가 여행 내내 든든하게 아침을 열어주었기 때문에 계획한 일정을 모두 소화할 수 있었다.

가격은 이아마을보다 비쌌지만 피라마을 호텔 역시 이아마을 호텔 못지않게 너무 좋았다. 실내는 이곳이 약간 더 넓었는데 테이블도 크게 있어서 조식 먹기에 불편함이 없었다. 어젯밤에 아이는 잠이 안 온다고 자꾸 내가 자는 침대에 와서 장난치고 놀다가 밤 12시가 다 되어 잠들었다. 오늘은 어제보다 살짝 흐려 보이는 날씨여서 어제 내내 티 없이 청량했던 날씨에 다시 한번 다들 감사했다. 조식은 호텔에서 방으로 가져주었는데 어른 3명과 아이 1명이 먹기에 넘치는 양이었다. 다들 배불리 먹고 호텔 테라스로 올라가 마지막으로 짙고 푸른 바다와 하늘을 가로지르는 수평선, 그에 맞춰서 하얗다 못해 눈부신 절벽의 집들을 바라보았다. 그렇게 마지막 감상을 하고 짐을 챙겨 호텔을 나왔다.

당나귀 행렬

피라마을 중심가 카페에 들어가 어른들은 커피, 아이는 아이스크림을 주문했다. 아이는 본인이 직접 주문하려고 아이스크림을 계속 외쳤다. 나는 어제 아이를 안고 피라마을 끝까지 걸어간 것 때문에 손이 붓고 머리가 조금 아팠다. 더블 에스프레소로 정신을 조금 차리고 기념 셀카를 찍었는데 사진을 본 아내는 피곤의 끝에 찍은 셀카도 아기 피부로 나오는 산토리니의 하늘에 감탄했다. 피라마을에서 버스를 타고 산토리니 공항으로 갔다. 들어올 땐 몰랐는데 공항도 하얀색에 파란색이 포인트로 페인트가 칠해져 있어 산토리니 공항다웠다. 밤이 되어 다시 아테네로 돌아왔는데 어디 둘러볼 시간은 안되어 아테네 공항 근처에 집을 하나 빌려서 잤다. 그리고 우릴 오늘, 내일 이동을 책임져줄 기사님을 만났는데 그분에게 여쭈어서 저녁식사를 할 식당을 추천받았다.

바닷가에 있는 멋진 식당이었는데 밤이라서 바다가 잘 안 보여 아쉬웠다. 건물이 바로 백사장 옆에 있어서 테이블 옆 통유리를 통해 파도를 볼 수는 있었다. 그리스에서 마지막으로 하는 식사이기에 정석대로 수블라키, 그릭 요거트와 샐러드, 해산물 튀김을 시켰다. 역시나 해산물 튀김의 양은 어마어마했다. 아테네 시내에서 먹었던 그 집이 생각나게 할 정도였다. 수블라키는 신기하게 세로로 매달려 나왔는데 빼먹는 재미가 있었다. 식사가 끝나면 자신에게 연락 주라고 기사님이 말씀하셔서 식사가 거의 끝났을 때 연락을 드려 오시라고 했다. 결제를 하고 나가려고 하니 레스토랑 지배인이 오셔서 아직 디저트가 안 나왔다는 것이다. 우린 디저트를 시킨 적이 없는데 서비스로 주시는 거였다. 잠시 기다리라고 하고 디저트를 내왔다.

바닐라 아이스크림과 뜨거운 초콜릿 케이크였는데 평소 같았으면 맛있게 먹었겠지만 기사님을 부른 상황이라 나와 아내는 조금 안절부절못했다. 일단 음식이 나왔으니 빨리 먹고 있는데 기사님이 오셔서 나와 아내는 먼저 나가 있기로 했다. 디저트에 잔뜩 기대에 찬 아이가 마음에 걸려 일단 어머니에게 아이랑 드시고 나오라고 해서 먼저 나와 아내는 나와서 기사님과 이야기를 했는데 아이가 어머니랑 바로 따라 나오는 것이다. 그래서 먹지 왜 나왔냐고 하니 어머니가 아빠랑 엄마가 나가니까 상황이 안 좋아 보였는지 자기는 안 먹어도 된다고 하면서 나가자고 했다는 것이다. 아이의 생각에 미안하면서도 그런 생각을 한다는 것이 마음 씀씀이에 놀랐다. 여행을 다니다 보면 아이의 성장에 깜짝 놀라는 순간이 있는데 이때도 그런 순간이었다. 기사님은 우리가 묵을 집으로 안전하게 데려다주고 다음날 아침에 오겠다고 하며 떠났다. 숙소는 넓고 괜찮았다. 아침에 먹을 수 있는 빵, 잼, 버터도 있어서 자고 일어나서 간단하게 요기를 하고 짐을 싸서 나왔다.

아내의 큰 짐

공항 가는 길에 기사님에게 서양 역사의 근원인 그리스 아테네에 정말 와보고 싶었는데 올 수 있어서 좋았고 행복했다고 말했는데 좋아하면서도 아테네라는 단어를 못 알아듣는 것이었다. 그게 아테네라고 하는 발음이 그리스 사람에게는 안 들렸던 거다. 기사님이 '아티(시)나'와 비슷하게 발음을 해서 또 하나 배웠다. 어쨌든 그런 이야기를 하니 무척 좋아했다. 친절한 기사님 덕분에 무사히 아테네 국제공항에 도착해 출국 수속을 밟았다. 짐 검사를 할 때 안타까운 일이 발생했는데 선물로 줄 그리스 술인 우조를 다 뺏긴 것이다. 큰 병이 아니고 작은 병으로 여러 개를 샀는데 짐 검사를 하면서 우리 가족 기념품을 몰아 넣다보니 내 가방에 액체류가 잔뜩 있어서 걸린 것이다. 개당 용량은 작았지만 우조가 여러 병 있어서 결국 그 자리에서 다 버려야만 했다. 용량도 작고 기념품이라고 해도 전혀 통하지 않아 결국 그리스의 것은 그리스에 두는 것으로 하고 우리는 비행기를 타게 되었다. 오후 1시 25분 출발로 저번에 탔던 프로펠러 달린 작은 비행기를 타고 다시 터키 아타튀르크 공항으로 갔다. 기내 간식으로 햄치즈 바게트를 줘서 맛있게 먹으며 버려진 술 생각에 쓰린 속을 달랬다. 아테네에도 한국으로 가는 직항이 있으면 좋으련만 직항이 없어서 이동하는 데 비효율적으로 움직일 수밖에 없었다.

집으로 갈 준비

1시간 30분을 비행해 이스탄불에 도착했고, 다시 1시간 정도 입국 수속을 밟아 공항 안으로 들어올 수 있었다. 아직 출국 수속이 안 열려 카페에서 앉아 기다렸다. 아이가 자고 있어 한 시간 넘게 안고 있었더니 어깨와 눈꺼풀이 무거웠다. 터키에 바로 입국해서 2시간 있다가 출국하는 것이 괜찮을까 싶었는데 아무 문제없이 통과되었다. 1시간 비행기 지연으로 인해 일단 출국 수속을 밟고 안에 들어가 저녁 식사를 했다. 면세점에서 여행 기간 내내 아프지 않고 잘 다녀 준 아이에게 고마움으로 작은 레고 블록을 사줬다. 연착되어 밤 10시 45분에 대한민국으로 가는 비행기를 타고 또 12시간의 비행을 했다. 아이는 비행기 자리에 앉자마자 어린이 헤드셋을 달라고 한 다음 능숙하게 화면을 켜고 만화 시청을 했다. 그러다 졸길래 눕혔더니 짜증을 내서 안아주고 나와 아내, 어머니가 교대로 보면서 갔다. 그렇게 버티다시피 하며 무사히 인천 국제공항에 도착했다.

비행기 안에서 날은 바뀌어 1월 22일 오후 3시가 되었다. 이렇게 긴 여행은 처음이라 어서 집으로 가서 따뜻한 물로 샤워하고 면도도 깨끗이 한 다음 자고 싶었다. 사실 이번 여행하면서 면도기를 안 가지고 가서 얼굴은 날 것 그대로 변해갔다. 다음부터는 면도도 잘하고 옷도 패딩만 가져가서 실용성만 챙기기보단 조금 신경을 써서 입고 싶었다. 어머니와 헤어진 다음 아이는 다시 호텔 가자고 울먹거렸지만 집에 가서는 새로 산 레고 블록과 집에 숨겨 두었던 다른 장난감을 보고 이내 마음이 돌아와 가지고 놀았다. 나와 아내는 라면을 3개나 끓여 먹고 짐을 정리하고 빨래를 하고 사진을 정리했다. 그렇게 꿈같던 지구 반대편 여행을 마치고 이 세상 유일한 곳, 집으로 돌아왔다.

그리스 여행에는 에스프레소와 커피 프라페

집으로 돌아간다

만 4살 아이와 서유럽 여행 시작

2019년 1월 7일(1일째)-히드로 국제공항

새해가 되었다. 그전에 우리 부부는 서유럽 계획을 세워놓고 있었다. 나와 아내 모두 런던, 파리, 로마와 같은 유럽 하면 떠오르는 도시를 가본 적이 없었다. 그래서 멀리 떠나는 해외여행 하면 서유럽을 항상 염두에 두고 있었는데 이번에 드디어 갈 기회가 생겼던 것이다. 16일의 일정으로 잡아서 그 기간 안에 서유럽을 한 번 쭉 훑어야 하기 때문에 극동에 사는 우리로서 이것저것 집어넣게 되었고 결국 초보 여행자 티를 내듯이 많은 사람이 가는 평범한 루트로 정해지게 되었다. 먼저 서유럽에서 어딜 가는 것부터 정해야 했는데 영국, 프랑스, 이탈리아 중에서 무게 중심을 어느 쪽에 두느냐에 일정이 조정되었다. 터키와 그리스를 무사히 다녀온 경험을 살려 그렇게 두 번째 장거리 여행을 계획했다.

처음 영국에서는 런던, 리버풀, 스코틀랜드 에든버러까지 가고 싶었고, 프랑스는 파리와 몽생미셸, 이탈리아는 밀라노, 베네치아, 피렌체, 로마, 바티칸, 나폴리를 가고 싶었다. 둘이서 쭉 적어보니 이탈리아에 무게 중심이 있을 수밖에 없었다. 워낙 역사적인 도시가 많고 문화의 보고이기 때문에 이탈리아를 길게 잡게 되니 영국과 프랑스는 축소시킬 수밖에 없었다. 영국은 런던 외에 리버풀은 비틀스의 고향이기에 선택했고 에든버러는 스코틀랜드의 수도이기에 가고 싶었다. 그러나 한 도시만 갈 수 있어서 런던만 가기로 했다. 그 대신 옆에 있는 아일랜드 더블린을 추가했다. 아일랜드만 가기 위해 여행을 떠날 수 없으니 영국을 가는 김에 아일랜드를 들리기로 한 것이다. 프랑스는 어차피 파리만 생각하고 몽생미셸은 당일 투어로 조금 빡빡하게 다녀오려고 했는데 아이도 피곤할 것 같고 파리 안에 있는 시간을 늘리고자 몽생미셸도 다음을 기약하기로 했다.

사람들이 많이 가는 코스인 영국, 프랑스, 스위스, 이탈리아에서 살짝 비틀어 영국, 아일랜드, 프랑스, 이탈리아를 가게 되었다. 스위스는 다음에 가는 것으로 하고 이 네 나라 여행 계획을 본격적으로 짰다. 런던에서 3박, 더블린 1박, 파리 4박, 밀라노, 베네치아, 피렌체는 각 1박, 로마 4박으로 하고 로마에서 당일치기로 나폴리를 다녀오기로 했다. 바티칸이야 로마 안에 있으니 하루 잡아서 다녀오는 일정으로 해서 15박 16일이 계획되었다. 비행기에서 하루를 보내니 총 17일 일정으로 짰다.

인천 국제공항에서 출발 전

아이는 이제 우리나라 나이로 6살이었지만 아직 만 4살이라 입장권이나 교통권이나 거의 내지 않아 비용면에서 절약이 조금 되었다. 유치원에 미리 말씀을 드리고, 소아과에 가서 여행 전 처방을 받아 해열제, 감기약, 소화제, 연고 등을 구비했다. 여행을 떠나는 데 아이 스스로 자신의 것을 준비하거나 생각을 하진 않으나 부모 입장에서는 아프지 말고 잘 다녀오기만 바랄 뿐이었다. 이제 몸무게도 제법 나가서 안거나 목마 태우고 다니는 것에 살짝 버거워서 걱정되기도 했다. 더군다나 이번 여행에서는 어머니가 함께 하질 못했다. 어머니는 이미 친구분들과 유럽 일주를 하고 왔기에 우리 부부와 아이까지 총 3명이 함께 가는 첫 장거리 해외여행이 되었다. 나와 아내는 현지에 가서 길 찾아갈 때, 관람하거나 식사할 때 아이를 같이 돌봐야 하기 때문에 역할 분배가 확실히 되어야 했다. 그래서 밖에서 다닐 때에는 내가 항상 아이를 데리고 다니고 호텔에 들어와서는 같이 보기로 했다. 아무래도 내가 아이가 걷기 힘들 때 안거나 목마 태우고 다니는 게 편하기 때문이다. 그리고 아내는 길을 찾거나 발권 및 결제를 하는 역할을 하기로 했다. 짐은 현지에서 빨래를 하며 다닐 거기 때문에 속옷은 5일 정도 입을 것, 겉옷은 2개 정도만 챙겨서 짐을 꾸리기로 했다.

게임을 알아버렸다

여행 당일 아침이 되자 자고 있는 아이에게 옷을 입히고 안고 나가려고 했는데 여행이 시작되는 중요한 날인걸 느꼈는지 집에서 나가는 6시 50분에 깼다. 어머니의 배웅을 받으며 버스터미널에 도착했다. 7시 20분에 리무진 버스를 타고 출발해 다들 버스 안에서 자면서 가니 10시가 조금 넘어서 인천 국제공항에 도착했다. 비행기는 오후 2시 30분 이륙이라서 시간적으로 아주 여유가 있었다. 출국 수속을 받고 점심도 먹으면서 기다렸다가 비행기에 탔다. 아이는 타자마자 화면을 켜더니 뽀로로를 보고 집에서 아내가 챙겨 온 스티커북, 클레이 놀이를 했다가 다 가지고 놀더니 심심하다고 화면에 있는 게임을 시켜달라고 했다. 캐릭터가 달리면서 에너지를 먹고 적을 점프해 밟는 기본적인 게임이었는데 당연히 하지 못했다. 엄청 못해

서 자꾸 죽으면서도 신나서 재미있어했다. 한참을 하다가 죽고 살고
를 반복하면서 힘들다고 시무룩해져서는 안 한다고 했다가 1분 뒤에
다시 한다고 켜는 중독 아닌 중독 같은 자세를 보였다. 그러다 출발
한 지 5시간이 지나서야 앉아서 잠이 들었다. 나는 한 시간 정도 잤
다가 깨서 영화를 보고, 아내는 좀처럼 잠을 이루지 못했다. 비행기
탄지 9시간이 넘어가자 다리도 붓고, 머리도 아픈 것 같더니 조금
견디기 힘들어졌다. 3시간은 더 가야 도착이니 버틴다는 심정으로
견뎌냈다. 창문 밖으로 반짝반짝거리는 불빛과 흐린 구름으로 뒤덮
인 런던이 나타나며 비행기는 히드로 공항에 무사히 착륙했다. 히드
로 공항 하면 나는 영화 러브 액츄얼리가 떠오른다. 소년이 미국으
로 돌아가는 같은 반 여자 친구를 찾아서 간 그 공항인데 영화 속에
서 본 그 공항을 직접 왔다는 감동이 있었다. 밖으로 나오니 오후 7
시가 넘어가고 있었다. 길고 고단했던 비행이 끝났다.

지하철 기다리는 중

영국에서는 입국할 때 까다롭다는 말이 들어서 살짝 긴장했는데 가족끼리 와서 그런지 입국 심사도 정말 간단하게 끝나고 지하철 카드도 만들어서 금방 탔다. 런던 지하철은 1863년에 운행을 시작한 세계 최초의 지하철이다. 영국에서는 지하철을 말할 때 언더그라운드 (Underground) 혹은 튜브(Tube)라고 하는데 언더그라운드가 정식 명칭이고 튜브는 둥근 튜브처럼 생긴 모양 때문에 붙여진 별명이다. 다른 나라에서는 다들 서브웨이(Subway)나 메트로(Metro)라고 부르니 원조의 이름을 부르지 않는 것도 색다르다. 튜브라는 말이 걸맞게 지하철 내부는 둥근 모양으로 우리나라 지하철보다 좁아 보였다. 그래도 그 시간에는 타는 사람이 몇 없었는지 자리는 여유 있어서 편히 앉아서 갈 수 있었다. 작지만 그래도 앉아 갔던 지하철에서 1시간 동안 달려 호텔로 이동했다. 한국 시간으로는 이미 아침 7시가 돼가고 있었다. 다들 뜬 눈으로 밤을 새운 격이라 조금 예민했지만 어서 역에 도착해 내리길 기다렸다.

역에서 내려 지상으로 올라오니 차가운 밤공기가 확 느껴졌다. 진짜 런던의 밤거리에 우리가 서 있는 것이다. 좁은 2차선 도로변에서 공기를 마셔보았다. 그리고 호텔을 향해 걸어갔는데 가는 길에 마트에서 물과 먹을거리를 사기로 했다. 간단하게 장을 보고 호텔에서 체크 인을 했다. 그리고 방에 들어갔는데 나와 아내는 "오 마이 갓"을 외쳤다. 방이 반지하에 고시원처럼 침대, 샤워실, 그리고 사람 1명 지나갈 공간이 전부였다. 런던의 살인적인 집 값을 체험할 수 있는 구조였다. 캐리어를 어디에 놓아야 할지 고민할 정도로 좁은 공간이어서 참 애매하다 싶었다. 다들 피곤했기에 어서 짐을 놓은 다음 몸을 누이고 자고 싶을 뿐이었다. 사사삭 다들 얼른 씻고 배가 고파서 컵라면을 후다닥 끓여서 나눠 먹었다. 그리고 머리가 베개에 닿자마자 깊은 꿈으로 빠져들었다. 그런데 호텔 안에서 사이렌 소리가 엄청 크게 울려 시계를 보니 새벽 1시 20분이었다. 런던 첫날밤부터 작은 악재가 있었지만 어서 다시 잠들려고 노력했다. 런던에 온 게 참 신나고 좋았지만 굉장히 피곤했던 하루였다.

영국 히드로 공항

런던 지하철 내부

런던의 첫날밤

대영제국의 심장, 런던 이모저모

2019년 1월 8일(2일째)-런던 시가지

런던 여행은 어둠 속에서 시작되었다. 바뀐 시차 때문인지 좁은 침대에 3명이 서로 웅크리며 잔 것 때문인지 모두 5시에 한 번, 6시에 한 번씩 일어났다. 7시가 되어 겨우 침대에서 나와 호텔에서 조식을 먹었다. 호텔 안에 있는 식당은 아니고 호텔 옆에 카페테리아가 있는데 거기에서 사 먹는 구조였다. 고르는 게 많아서 주문을 하는 아내는 조금 긴장했지만 그래도 메뉴 선정에는 성공했다. 영국식 아침 식사로 식빵, 스크램블, 소시지, 베이크드 빈, 베이컨, 크로와상, 오렌지 주스, 커피 등이 푸짐하게 나와 배불리 먹었다. 실제로 이렇게 식사를 하니 너무 많아서 잘 챙겨 먹었다는 생각이 들었다.

여기는 런던

방에 들어가서 외출 준비를 끝내고 8시에 출근하느라 바쁜 사람들 틈을 지나 처음으로 간 곳은 세인트 폴 성당이었다. 바티칸의 성 베드로 대성당 다음으로 큰 성당이라고 하는데 처음 보는 거대한 성당에 압도되었다. 성 베드로 대성당은 가톨릭 성당이지만 이 성당은 영국 성공회의 성당이다. 본래 가톨릭 성당이었는데 영국 종교개혁 시기에 성공회 성당으로 변했고 현재까지 성공회 본산 역할을 하고 있다. 밑에는 고딕 양식으로 돔은 바로크 양식으로 절충되어 지어진 건물은 높으면서 둥글게 솟아 올라간 돔 지붕이 인상적이었다. 1666년 런던 대화재로 소실되었는데 건축가 크리스토퍼 렌의 설계대로 재건축했다고 한다. 둥근 돔은 예전 모습 그대로라고 하는데 그 모습이 얼핏 미국 워싱턴의 국회 의사당과 닮았다. 크리스토퍼 렌의 설계와 시공 전부가 담겨 있는 이 성당은 불탄 후 재건하기 위해 설계를 크리스토퍼 렌이 했는데 당시 왕이었던 찰스 2세와 제임스 2세, 그리고 성공회의 입김으로 여러 차례 설계가 바뀌었지만 책임자였던 크리스토퍼 렌이 장수한 덕분에 끝까지 공사가 잘 마무리 되었다.

영국 성공회 본산이기도 하지만 영국인들의 자부심을 상징하는 사건이 하나 있는데 제2차 세계 대전 당시 독일군의 런던 공습에서도 무너지지 않고 버틴 것이 알려져 그러한 상징이 되었다. 내부 지하에는 무덤과 기념비가 많이 있는데 성당을 만든 크리스토퍼 렌 이외에도 넬슨, 아서 웰즐리, 처칠의 장례식이 이곳에서 치러졌다. 또한 예전 영국 수상으로 철의 여인으로 불린 마거릿 대처의 장례식도 거행된 곳이다. 그리고 찰스 왕세자와 고인이 된 다이애나 왕세자비의 결혼식이 열린 곳이기도 하다. 돔 위로 올라갈 수 있어서 계단을 통해 올라가 보기로 했다. 500개가 넘는 미로 같은 계단을 올라가는데 아이가 헥헥 거려 과감히 목마 태워서 올라갔다. 내 어깨의 살신성인으로 무사히 돔까지 올라가서 푸른 하늘로 뒤덮인 런던 시내의 전경이 한눈에 보였다. 런던은 날씨가 흐리다는 말을 많이 들어서 걱정했는데 산업혁명이 시작된 도시 명성에 맞지 않게 맑은 공기를 자랑했다. 그렇게 런던의 모습을 충분히 감상한 후 내려오는 길은 아이가 스릴을 재미 삼아 스스로 내려와서 모두 런던에서 기분 좋은 시작을 했다.

생애 첫 2층 버스

세인트 폴 성당 앞에 있는 밀레니엄 브리지를 건너서 다음 목적지인 타워 브리지를 향해 갔다. 밀레니엄 브리지는 런던이 배경인 영화 러브 액츄얼리에도 등장한 런던의 명물이다. 그곳을 직접 걸어보니 영화 속 인물들이 떠올라 한참 걸으면서도 설렌 기분이었다. 걸어가는데 아이가 너무 걷기 싫어해서 내가 목마 태우고 다녔다. 안고 다니기보다는 차라리 목마 태우고 다니는 게 훨씬 편해서 가까운 포인트는 걸어서 이동하고 둘러보는 걸 좋아하는 우리 여행 스타일에서 이렇게 다니는 것이 기동성이 있어서 몸이 조금 힘들어도 차라리 나았다. 그렇게 가는데 아이의 노랑 모자를 쳐다보고는 "포켓몬, 피카추"를 연신 외쳐댔다. 이번에 여행 간다고 하니 동생이 선물이라고 여행 다니면서 쓰라고 아이 모자를 선물해줬는데 귀가 움직이는 피카추 모자였다. 그렇게 주위 사람들이 관심을 갖고 좋아하니 뭔가 우리도 친근감을 준 듯하여 기분이 좋았다.

세인트 폴 성당

타워 브리지를 가려다가 우연찮게 먼저 런던탑으로 들어가게 되었다. 런던탑은 정치범 수용소로 유명하고 헨리 8세의 부인이었던 앤 불린이 여기서 처형당하기도 한 곳이다. 탑이라고 되어있지만 사실 성채라고 봐야 한다. 본래는 런던을 방어하기 위해 만들어졌고 노르만 왕조는 정복 왕조였기에 영국 본토인들에 대해서도 방어가 필요해 지어진 것이기 때문이다. 그리고 노르만 왕조의 궁전으로도 쓰여서 단순히 교도소로 보기엔 무리가 있다. 탑 안에는 박물관처럼 꾸며져 당시 갑옷, 무기를 비롯해 이곳을 거친 유명인들에 대한 설명도 있었다.

런던탑

런던탑에서 나와 빅벤과 더불어 런던의 상징인 타워 브리지를 향해 갔다. 빅벤은 공사 중이라 볼 수 없어서 아쉬움이 있는데 그래도 런던의 상징물 타워 브리지는 공사를 하지 않아 다행이란 심정으로 보러 갔다. 타워에 들어가서는 연결하는 다리도 건너갔다. 템즈강이 훤히 보이는 통유리로 밑바닥이 된 다리를 아이는 신기해하면서 무서워하지 않고 재미있어했다. 다리를 건너니 안내원이 기념 스티커를 하나씩 주었다. 내려가서는 타워 브리지를 배경으로 사진을 많이 찍었다. 템즈강은 우리나라에서는 일반 하천이라 여길 정도로 폭이 긴 강이 아니라 건너는 데에는 금방 건널 수 있었다. 날이 청명해 사진이 다들 잘 나왔다.

점심은 그다음 갈 곳인 대영박물관이라고 불리는 영국박물관으로 가서 먹기로 했다. 런던의 명물인 2층 빨간 버스를 타고 영국박물관으로 갔다. 흔들거리는 버스 2층 맨 앞자리에 주르륵 앉아 지나가는 런던 거리를 감상했다. 박물관 근처에 내려 점심으로는 우리가 아는 유일한 영국 음식인 피시 앤 칩스와 치킨 티카 마살라를 먹으러 펍에 갔다. 영국 음식 하면 떠오르는 게 이게 전부라서 더 이상의 선택의 여지가 없었다. 유럽 아니 세계에서 가장 맛없기로 소문난 영국 음식이라 가장 무난한 피시 앤 칩스와 인도 식민지의 영향으로 만들어진 치킨 티카 마살라를 주문해서 먹었다. 피시 앤 칩스의 맛은 정말 아는 맛 그대로였고, 치킨 티카 마살라는 냉동을 데워서 내놓은 것 같은 맛이었다. 어쨌든 식사를 마치고 나와 맞은편에 있는 기념품 가게에 가서 아이가 작은 2층 버스 미니어처를 사고 싶어 해서 사줬다.

타워 브리지를 배경으로 한 컷

영국박물관은 프랑스의 루브르 박물관, 미국의 메트로폴리탄 박물관
과 더불어 세계 3대 박물관이라고 흔히 일컬어지는 세계 최대 규모
의 박물관이다. 세계 최초의 국립 박물관으로 무료 입장을 실시하는
데 일설에는 자국의 것보다는 세계 곳곳에서 약탈한 문화재가 전부
라서 돈을 받지 않는다는 이야기가 있다. 하긴 자국 외 유물을 뺀다
면 문을 닫아야 할 것이다. 박물관은 세계 각 문명을 총망라하여
800만 점 이상의 유물이 있다고 전해지는데 우리나라 전시실도 소
박하게 마련되어 있었다. 유명한 유물이 수도 없이 많지만 그래도
들어본 것은 1801년 프랑스가 이집트 원정 당시 발견해 영국이 가

져온 로제타스톤, 그리스 파르테논 신전의 조각상들, 이집트 미라 등이 있다. 규모가 어마하게 컸지만 아이를 안고 있고 시간이 많지 않은 우리는 핵심 작품 위주로 해서 간단하게 보고 넘어갔다. 관람을 끝낸 후 아내가 기운이 없어 보여서 박물관 중앙 위층에 있는 카페에 데려갔다. 시차 때문에 졸리고 어지럽고 기운 빠진 아내를 위해 티 세트를 주문해 먹었다. 애프터눈 티 세트로 영국인들처럼 티 브레이크 타임을 즐겼다. 샌드위치부터 해서 달콤한 디저트까지 있어서 먹고 기운 차리기에 충분했다. 나왔을 때 이미 어두워진 거리에서 시티투어버스를 타려고 했으나 시간이 맞지 않아 타지 못하고 걸어서 돌아가기로 했다. 저녁 6시 30분이었지만 한밤처럼 깜깜한 런던 시내를 걸어 나는 내 어깨 위에 잠든 아이, 아내와 함께 호텔로 돌아왔다. 몸은 피곤해도 화창한 날씨에 제대로 즐길 수 있었던 날이었다.

영국박물관

왕은 군림하나 지배하지 않는 영국

2019년 1월 9일(3일째)-런던 시가지

어제 숙소로 돌아오는 길에 내 어깨 위에서 잠든 아이는 너무 곤히 자고 있어서 깨우기가 어려워 옷을 갈아 입히고 침대에 뉘어 재웠다. 그런 아이가 새벽 3시에 갑자기 소리를 지르며 깼다. "창문 보고 싶어."하면서 울더니 홀로 잠에서 깨버렸다. 그래서 블라인드를 올리고 창문을 보여주고 잠에서 완전히 깼길래 TV를 틀어주었다. TV도 침대 벽에 바로 매달려 있어서 그걸 보면서 곤히 자는 나와 아내 틈에서 6시까지 혼자 깨어 있었다. 그리고 오줌이 마려웠는지 혼자 가서 오줌 싸고 손 씻고 물도 내렸다. 그렇게 잔 듯 안 잔듯한 아침이 밝았다. 두 번째 조식은 어제보단 주문을 능숙하게 해서 먹었다.

그리고 웨스트민스터 사원으로 갔다. 20분 정도 걸어서 갔는데 날씨가 어제보다 한층 쌀쌀해서 옷을 조금은 따뜻하게 여며야 했다. 그래도 시원한 공기가 가득 입안에 맴돌아 상쾌한 기분이었다. 날씨도 화창하니 푸른 하늘이 가득했다. 런던 날씨의 스트레오 타입인 비가 오고 우중충한 날씨가 우리의 여행 동안에는 해당되지 않았다. 템스 강변을 따라 걷는데 아이가 걷기 힘들다고 투덜거리다가도 모여 있는 비둘기들을 보면 그걸 쫓을 때만 신이 나서 뛰어다녔다. 가는 길에 공사 중인 빅벤을 지나쳤는데 온전한 모습을 볼 수 없어 아쉬웠지만 그래도 공사 중인 모습을 사진으로 찍어 남겨봤다. 영국을 제2차 세계 대전에서 승리로 이끈 수상 처칠 동상을 지나쳐 사원에 도착했다.

웨스트민스터 사원 앞에서 한 컷

웨스트민스터 사원은 엄숙하고 성스러운 분위기가 물씬 풍겼다. 얼핏 보면 프랑스 파리의 노트르담 성당과 비슷하게 생겼는데 오랜 역사를 품고 있는 만큼 여러 영국 왕과 위인들이 잠들어 영국인들에게는 소중한 장소이다. 수도원 중의 수도원이라는 의미로 'The Abbey'라고 불리기도 한다. 1066년 정복왕 윌리엄을 비롯해 최근 엘리자베스 2세에 이르기까지 많은 왕이 이곳에서 대관식을 올렸고 또 이곳을 본인들의 영원한 안식처로 삼았다. 대개 성당 지하에 묘지가 있거나 뜰을 두어서 그곳을 묘지로 쓰는데 여기는 상당 안에 유해를 관에 넣어 안치했다. 국왕들 이외에 영국 총리들, 뉴턴, 세익스피어, 헨델 등과 같은 위인들의 무덤과 기념비도 이곳에 있다. 안에 들어가면 사진을 찍지 말라고 하는데 지금까지 그런 성스러운 장소로 사용되기 때문에 그런 듯했다. 본래 가톨릭 소속의 성당이었으나 세인트 폴 성당과 마찬가지로 종교개혁 당시 성공회로 바뀌었다.

그런데 이게 재미있는 것이 우리나라에서는 교회, 성당, 사원이라고 하는 명칭에 대해 교회는 개신교, 성당은 정교회나 가톨릭, 사원은 이슬람이나 불교와 같이 종교에 따라 나뉘어 사용하는 경향이 있다. 그래서 웨스트민스터 사원이라고 하면 크리스트교 계통인지 아닌지 헷갈릴 수도 있고 성당이라고 도매금으로 사용하기도 하는데 영어로 번역을 하면 애매해진다. 수도원은 abbey이고 대성당은 cathedral로 번역되는데 웨스트민스터 사원이 있는 근처에 가톨릭 성당인 웨스트민스터 대성당이 있기 때문에 한국 사람들이 혹시 길을 물을 때 수도원을 뜻하는 abbey라고 말을 해야 제대로 방향을 잡을 수 있다. 이때 cathedral이라고 하면 사원이 아닌 엉뚱한 가톨릭 성당으로 데려다준다.

처음 들여다보는 영국의 사원, 그것도 영국 왕실과 위인들이 잠든 곳이기에 무언가 말할 수 없는 분위기를 가져다주었다. 아이는 역시 지루해하면서 심심한 내색이 역력했는데 판판한 관 뚜껑을 보면 벤

치인 줄 알고 누우려고 해서 제지하느라 진땀이 흘렀다. 조용히 손을 잡고 빠르게 걸어가니 이내 같이 잘 따라다녔다.

버킹엄 궁전

이어서 버킹엄 궁전으로 갔다. 런던 하면 떠오르는 게 빅벤과 타워 브리지이지만 영국 하면 떠오르는 게 버킹엄 궁전이다. 근위병 교대식에 맞춰서 갔기 때문에 이를 보려고 전 세계에서 많은 사람이 모여 있었다. 겨울이고 비성수기라서 많이 없을 줄 알았는데 이미 궁전 앞 보도블록에는 사람들로 인산인해였다. 우리도 그 일원에 껴서 함께 구경했다. 버킹엄 궁전은 1761년 조지 3세가 버킹엄 공작의 저택을 구입하여 왕실 건물이 되었는데 1837년 빅토리아 여왕 이후 국왕들이 거주하는 궁전이 되었다고 한다. 제2차 세계 대전 독일 공습으로 피해를 보기도 했다는데 지금은 내부 개방하는 때가 아니라서 겉모습과 근위병 교대식만 볼 수 있었다. 여왕이 궁전에 있는지는 깃발로 확인할 수 있는데 왕실 깃발인 로열 스탠더드 깃발이 게양되어 있으면 여왕이 궁전에 있다는 뜻이고 영국 국기인 유니언 잭이 있으면 그날은 여왕이 없다는 뜻이다. 우리가 간 날에는 유니언 잭이 걸려 있었다. 근위병 숙소에서 궁전까지 근위대가 연주하며 위풍당당하게 걸어왔다.

그리고 궁전 안으로 들어가 교대식을 했는데 다들 사진 찍거나 영상 찍기에 바빴다. 나와 아내는 키가 작은 아이를 위해 목마를 태우고 구경했는데 사람들이 워낙 많아서 제대로 구경한 것은 많은 인파였다. 성수기인 여름철에는 얼마나 많은 사람이 올까 놀라웠다. 내부를 볼 수 있을 거라고 그때는 생각해서 안내원에게 여쭤보니 개방하지 않는다고 해서 근처 기념품 가게에서 잠깐 다리를 쉬이고 아쉬운 발걸음을 돌렸다.

2층 투어 버스를 타고 함께

런던 패스에 속한 버스투어로 런던을 한 바퀴 돌아보기로 했다. 지붕이 없는 2층 버스에 앉아서 많이 추웠지만 모자를 쓰고 웅크린 다음 지나가는 런던의 풍경을 구경했다. 런던의 명소를 손에 잡을 듯 구경하면서 가니 이 또한 색다른 경험이었다. 무엇보다 2층에는 사람들이 거의 없어서 자유로이 사진 찍고 볼 수 있었다. 우리가 내린 지역은 내셔널 갤러리가 있는 곳이었다. 일단 점심이라 근처 스테이크 레스토랑에서 밥을 먹기로 했다 얼어버린 몸을 녹이기 위해 영국 사람들처럼 따뜻한 티도 주문해 마셨다. 동양인이라서 그랬나 우리가 영어를 능숙하게 못해서 그랬나 종업원이 설명도 대충하고 다른 테이블에는 주는 케첩도 갖다 주지 않아서 기분은 그저 그랬는데 그래도 저렴한 가격에 두툼한 스테이크를 먹어서 좋았다.

광장에 그린 1파운드 꽃 하나

내셔널 갤러리 앞에 있는 트라팔가 광장으로 왔다. 1841년에 완성된 광장은 알다시피 영국의 이순신이라고 말할 수 있는 넬슨 제독이 프랑스 나폴레옹 해군을 무찌른 트라팔가 해전의 승리를 기념하기 위한 광장이다. 중앙에는 약 50m의 넬슨 동상 탑이 있다. 아이는 광장 끝에 있는 사자상에 관심이 있어서 그 앞에서 사진을 찍었다. 내셔널 갤러리 앞에는 광장 바닥에 분필로 그림을 그리는 사람들이 있었는데 아이도 그림을 그리고 싶어 했다. 그 주위에 구경하면서 기웃거리자 그 사람이 아이에게 웃으며 말도 걸고 분필을 내밀자 아이는 냉큼 받아 꽃을 그리기 시작했다. 그래서 나는 곧 지워질 꽃을 위해 1파운드를 기부하며 추억을 남겼다.

트라팔가 광장

내셔널 갤러리는 영국 국립 미술관으로 이곳에 와서 문화적 충격을 받았다. 서울 예술의 전당이나 미술관에서 하는 전시회에 몇 번 가보았지만 이렇게 큰 규모의 회랑이 있는 공간은 처음이었고 이런 어마어마한 작가들의 그림을 실컷 볼 수 있다는 게 놀라웠다. 중세시대부터 20세기 초까지 약 2,300여 점의 작품을 소장하고 있는데 레오나르도 다빈치, 반 에이크, 티치아노, 보티첼리, 홀바인, 렘브란트,

벨라스케스, 모네, 터너, 고흐, 세잔 등 미술사에서 중요한 인물들의 작품이 끊임없이 있었다. 그림을 좋아하는 나로서는 도감으로만 봤던 그림들을 내 눈으로 직접 보고 있으면서 전율이 일었다. 작품을 사진 찍고 아이와 아내가 어디 있는지도 모르고 정신없이 빠져들어 봤던 것 같다. 이런 나를 잘 아는 아내는 아이를 챙기며 전시실에 있는 벤치에서 앉아 있거나 천천히 아이와 감상했다. 사실 아이는 그림이 뭔지 모르는 나이이기에 그런 아이 챙기는 아내가 고생이 많았다. 아이는 그림은 전혀 의미가 없었고 의자만 찾아다니면서 샀던 장난감만 만지작거렸다. 이후에 여러 유럽이나 미국의 박물관을 가 보았지만 처음 보았던 내셔널 갤러리의 충격은 아직도 생생하게 기억하고 있다.

내셔널 갤러리

마지막으로 셜록 홈즈가 살았던 베어커 가에 가기 위해 오렌지 투어 버스를 타러 걸어갔다. 그런데 아무리 기다려도 버스가 오지 않아서 추위에 오들오들 떨었는데 추위를 참으며 20분을 기다리니 드디어 버스가 와서 기쁜 마음으로 셜록 홈즈의 무대, 베이커 스트리트로 갔다. 베어커 지하철 역에는 셜록 홈즈의 동상이 있어서 같이 한 컷 찍었다. 셜록 홈즈는 말이 필요 없는 학창 시절 흥미진진한 추리소설의 교본이었다. 추리소설을 좋아하는 나로서는 어렸을 때 읽었던 셜록 홈즈의 감동을 잊을 수 없어서 지금도 좋아하는 캐릭터이기에 꼭 와보고 싶었다. 셜록 홈즈가 살았던 베이커 가 221B는 몇 명의 관광객들이 와서 구경하고 있었다. 2층은 셜록 홈즈가 살았던 방을 재현해 놓고 1층에는 기념품 가게가 있었다. 그리고 출입문을 지키는 경관 복장을 한 사람이 있어서 탐정 모자를 쓰고 같이 사진도 찍었다. 기념품 가게에서는 소설 작가인 사촌 동생에게 줄 작은 선물과 배지 등을 사고 아이는 고심을 하더니 작은 오르골을 샀다.

그리고 나와서 돌아가는 길에 카페에 가서 나와 아내는 커피, 아이는 딸기 아이스크림을 먹으며 하루의 피로를 풀었다. 버스를 타고 숙소로 가는 길에는 호텔 근처에 내려 영국의 펍에 가보기로 했다. 정통적이면서 상당히 인기 있는 곳으로 많은 사람으로 북적였다. 아이를 데리고 갈 수 있나 싶었는데 갈 수 있어서 영국의 펍 문화를 느껴 보았다. 나와 아내는 맥주 종류가 다르게 시켜서 맛보고 피시 앤 칩스와 컬리플라워 요리도 시켜서 먹었다. 시끌벅적한 영국 펍 문화는 우리에겐 낯설었지만 즐거운 경험을 안고 밤을 마무리했다.

대서양의 시작, 아일랜드 더블린

2019년 1월 10일(4일째)-더블린 국제공항, 더블린 시가지

아침에 일어나 새로운 곳에서 식사를 하고 싶었던 우리는 2번이나 먹은 호텔 옆 카페테리아 말고 새로운 식당을 찾았다. 근처 검색을 해서 식사가 되는 곳을 찾아갔는데 고풍스러운 실내 장식이 인상적이 있던 그곳에서 영국식 아침 정식과 에그 베네딕트를 주문해 먹었다. 꽤 성공적인 선택으로 맛있는 식사를 할 수 있었다. 하지만 매일 이렇게 먹으면 고혈압으로 쓰러질 것 같았다. 여행 중이라 열량 소비가 많으니 괜찮겠지만 평범한 하루를 보내는 사람들에게는 조금 부담스러울 만한 양이었다.

짧지만 정들었던 런던의 좁디좁은 호텔을 체크 아웃한 후 지하철을 타고 런던 리버풀역까지 지하철을 타고 갔다. 그곳에서 우리의 발이 되어준 오이스터 카드를 환불하고 기차를 타러 갔다. 이날도 새벽 5시에 일어났던 아이는 일찍 낮잠에 들었다. 잠든 아이를 태운 기차는 1시간 정도 걸려 스탠스테드 공항에 도착했다. 공항 크기는 베트남 하노이 공항보다 컸는데 검색을 매우 꼼꼼히 했다. 아마 런던이나 유럽에서 테러가 종종 일어나니 공공장소에서는 검문 검색이 심한가 보다. 그래도 중국보다는 덜 했다. 중국은 모든 지하철, 박물관 등 갈 때마다 짐 검사를 했으니 말이다. 우리는 검색이 심하다는 것을 알고 미리 철저히 대비해 갔기에 금방 검사가 끝났다.

공항에서 아이는 작은 장난감을 3개나 샀다. 이렇게 같이 다니는 것만으로도 애쓰고 있어서 비싸지 않은 장난감으로 달래며 여행을 다닌 것 같다. 점심은 아내가 먹고 싶어 했던 아시아 푸드 체인점을 갔다. 아직 여행한 지 오래되지 않았지만 숙소 근처에 있던 아시아 푸드 체인점을 매일 지나가며 한 번 가보고 싶다는 생각이 들기도 했고 아니면 기대감이 없던 영국 음식들을 먹어야 했기에 가기로 결정했다. 초밥 도시락, 라면 등을 사서 먹었는데 당연히 우리나라에서 먹는 것보다 맛은 떨어지지만 아쉬운 대로 맛있게 다들 먹었다.

사지 않고 사진으로 기념

오후 1시 40분에 비행기는 런던을 출발했고 타자마자 나는 잠에 곯아떨어지고 3시에 더블린에 도착해서 깼다. 오늘은 아일랜드 더블린을 여행하는 날이다. 1박만 하는 짧은 일정이라 서둘러 다녀야 했다. 공항 입국 수속을 밟는데 몇 가지 질문을 했다. 왜 왔냐 얼마나 묵을 거냐 등 우린 유럽 여행 중이라 했고 아쉽지만 내일 떠나는 여행이라고 했다. 공항 도착했을 때는 비가 내리고 있었는데 공항 밖으로 나왔을 때는 비가 그치고 날도 춥지 않았다. 바로 트리니티 대학의 도서관 롱 룸에 가기 위해 서둘러 택시를 타고 갔다. 비용은 비싸도 시간을 아끼기 위해서 때론 선택을 할 줄 알아야 했다. 택시를 타고 가면 또 다른 장점이 있는데 기사님에게 궁금한 것을 이것저것 물어볼 수 있는 거였다. 나보다는 아내가 훨씬 영어를 잘하기 때문에 내가 궁금한 것을 아내에게 물어봐서 기사님의 대답을 들었다. 대개 그 나라에 정말 오고 싶었다, 이런 것들이 유명하냐, 이게 궁금한데 맞냐 하는 것들인데 낯선 외국인의 질문에 대해 대체적으로 다들 친절하게 알려주었다. 현지인이 알지 못하는 소소한 이야기들도 들을 수 있어서 좋았다. 예를 들면 공항에서 10분 정도 가니 더블린 시내가 보였는데 그곳 땅값이 비싸서 돈 있는 사람들이 산다는 뭐 그런 이야기도 들었다.

자신이 산 장난감과 함께

시내를 지나니 금방 대학에 도착해서 바로 도서관으로 들어갔다. 캐리어를 가지고 다녔기에 입구에 잠시 맡기고 들어갔다. 트리니티 대학은 아일랜드에서 가장 오래된 대학으로 1592년 엘리자베스 1세가 더블린에 기증한 대학이라고 한다. 그러기에 도서관 이외에도 굉장히 유서 깊은 건물들이 많았다. 이 대학 출신자로는 문학가들이 많은데 조너선 스위프트, 윌리엄 예이츠 등이 있다. 영화 스타워즈의 제다이 사원 도서관의 모티브가 되었다고 하는데 사진으로 봤을 때 보다 크게 느껴지지 않았지만 고풍스러움과 오랜 역사가 있음이 한

눈에 보였다. 북 오브 켈스는 9세기 초 스코틀랜드의 수도승들이 복음 전달을 위해 만든 성서 필사본인데 이것이 보관된 도서관 일명 롱 룸(The Long Room)은 1732년부터 1751년에 걸쳐 건설된 도서관이라고 한다. 컴컴한 실내를 비추는 작은 조명 불빛에 의지해 장엄한 도서관을 계속 바라보았다. 이 많은 책 중에 내가 읽을 수 있는 책은 아마 없을 테지만 지식을 탐구하고 축적해 온 이곳에 대한 존경심만은 사라지지 않았다.

트리니티 대학 롱 룸

도서관을 나와 보니 다소 시간이 남아서 근처 기네스 스토어에 가자는 아내의 제안에 따라 택시를 바로 잡아서 갔다. 작은 동네라서 금방 도착하고 입장할 수 있었다. 아무래도 겨울철이다 보니 관광객이 많지 않아 어딜 가도 그렇게 붐비지 않고 바로 입장이 가능한 것이 비성수기 여행의 매력이다. 기네스 양조장 스토어는 성인 둘이 5만 원 정도 하는 입장료를 내야 했지만 세계적으로 유명한 흑맥주이면서 기네스북을 만드는 그 기네스를 방문할 수 있는 시간이기에 아깝지 않았다. 기네스는 흑맥주의 대명사로 알려져 있는데 만든 사람이어서 기네스라서 그 이름을 딴 맥주 회사이자 브랜드이다.

들어가니 기네스 맥주에 대한 설명, 보리가 맥주가 되는 과정을 잘 설명해 놓고 직접 전문가가 내려서 시음해볼 수 있게 했다. 그리고 우리가 직접 기네스 맥주를 내려볼 수도 있었다. 맥주를 내리면 인증서도 하나씩 만들어 주었다. 자신이 내린 맥주는 마시면서 즐길 수 있었는데 맨 윗 층 바에 가서 즐기려고 했더니 앉을 자리도 없고 음악이 시끄럽게 나오고 있어 아이가 힘들 것 같아 내려와 앉을 수 있는 곳을 찾아 잠시 휴식을 즐겼다. 가방에는 어떻게 있었는지 작은 과자도 하나 있어서 까먹으며 갓 짜낸 흑맥주를 맛보았다. 맥주를 마시는데 아이가 계속 자신도 마시고 싶다고 응석을 부려 살짝 입에만 대보게 했는데 바로 뱉으면서 이걸 왜 마시냐고 뭐라고 했다. 숙소까지는 멀지 않아서 걸어가기로 했다. 한 손은 캐리어를 한 손은 아이 손을 잡고 아내와 함께 걸어가는데 우리 둘 다 알딸딸한 취기를 가지고 어두운 더블린 시내를 가로질러 호텔로 들어갔다.

나와 아내가 내린 기네스 맥주

호텔 방에 도착하자 런던과는 다른 풍경에 다들 입이 딱 벌어졌다. 아이도 놀라며 너무 넓다며 좋아했다. 하긴 그 좁은 고시원 같은 방에서 침대 2개에 욕실도 제대로 있는 방으로 왔으니 그럴 법도 했다. 저녁을 먹어야 해서 바로 근처 스테이크 레스토랑으로 가기 위해 짐만 놓고 나왔는데 이미 자리가 꽉 차서 1시간은 기다려야 한다고 했다. 그래서 예약을 해놓고 와서 다들 샤워한 후 빨랫감이 워낙 많아 욕조에 불려 놓고 나왔다. 커다란 티본스테이크로 맛있는 식사를 한 후 숙소로 돌아와 욕조에 담겨 있는 빨래들을 혼자 하기 시작했다. 빨랫감을 욕조에 담그고 나온 것은 나의 큰 실수였다는 것을 나중에 알게 되었다. 그다음 목적지였던 파리와 로마 숙소 모두 호텔이 아니고 숙박 공유로 예약한 일반 집이지만 세탁기가 없어서 미리 손빨래로 하려 한 거였다. 물론 코인 빨래방을 이용하면 되는 거였고 지금 생각하면 당연히 그렇게 했겠지만 이때까지 한 번도 코인 빨래방을 이용해 본 적이 없어서 망설여지기도 했고 비용을 아끼고 싶다는 생각에 내가 손빨래를 하겠다고 한 건데 오밤중까지 후드 집업, 바지까지 밟고 헹구고 짜기를 반복하니 손마디가 얼얼할 지경이었다. 잘 말려야 해서 선풍기를 틀고 자도 새벽 5시에 일어나 확인해도 안 말라 나중에는 드라이기까지 썼지만 마르지 않아 꽤 고생을 했었다. 나중에 파리 숙소 가까운 빨래방에서 그 빨래들을 다시 빨아 깨끗이 건조까지 시켰다. 아내와 아이는 방이 바뀌어서 그런가 엄청 꿀잠을 자고 있었다. 아이는 잘 알지도 못하는데 따라다니느라 고생이고 아내는 매일 길 찾기 하느라 고생이었다.

You Call It Love, Paris

2019년 1월 11일(5일째)-파리 보베 공항, 루브르 박물관

어제 빨래하느라 늦게 자고 새벽에 일어나 윙윙 소리가 나는 드라이기로 빨래를 말리고 있을 때 아내와 아이가 일어났다. 내 덕분인지 아닌지 어쨌든 조금은 피부를 촉촉하게 하는 옷을 입고 다들 뷔페 조식을 먹으러 1층으로 내려갔다. 이곳 호텔의 조식은 지금까지 먹어 본 호텔 조식 중 최고라고 생각되었다. 일반적으로 나오는 것들 외에 건강한 음식으로 하나하나가 정성스럽게 담겨 있는 음식이라 1끼만 먹을 수 있다는 사실이 너무 아쉬웠다. 그래서 될 수 있는 대로 많이 먹고 싶었지만 시간이 여유롭지 않아서 적당히 먹고 끝냈다. 그래서 여행 중에 가끔 그 조식 생각이 났다. 다시 방으로 돌아가는데 전자 키를 넣어도 문이 열리지 않자 당황스러웠다. 아내가 해보기도 하고 나도 해 봤는데 안돼서 몇 번 해보는 와중에 아이가 재빨리 복도를 청소하던 호텔 직원분에게 "더 도어 이즈 낫 오프닝!"이라고 소리를 쳤다. 영어 배우기에 불이 붙어서 ABC송을 열심히 불렀는데 아이 스스로도 대견한지 으쓱해 보였다. 나와 아이는 서로 쳐다보며 놀랄 뿐이었다. 짐을 챙기고 다소 젖어있는 옷들은 빨래 봉투에 넣어 캐리어에 담았다.

이곳을 오래 보고 싶은데 하루만, 엄밀히 따지면 한나절만 보고 가는 거라 아쉬움이 남았다. 그래서 더블린 공항으로 택시를 타고 가는데 기사님에게 궁금한 것을 많이 물어봤다. 물론 통역은 우리 가족 공식 통역사인 아내가 중간에서 해주었다. 아내는 더블린 인구가 50만인데 250만이라고 말하는 등 구멍이 조금 있었지만 기사님에게 게일어, 관광 명소 이야기, 진정한 아일랜드를 느끼고 싶으면 시골 여행을 해야 한다는 등의 이야기를 들었다. 아일랜드는 우리와 비슷하게 이웃 나라에게 핍박을 받은 역사가 있어서 그 정서에 대한 이해와 나라에 정이 갔다. 오전 11시 30분에 출발하는 비행기를 타고 오후 2시 10분에 파리 보베 공항에 도착했다. 파리 공항이어도 파리 시내까지는 거리가 상당히 있었기 때문에 버스를 타고 2시간 정도 달려서 시내로 들어갔다. 파리에 도착했을 때 나와 아내는 뭔가 뿌듯하고 기대감에 찼으며 또한 소매치기에 대한 불안감도 샘솟았다. 이때는 파리 시위가 격해지고 있을 때라 어머니는 불안해했기 때문에 수시로 괜찮다는 연락을 보냈다. 우리도 걱정은 되었지만 여기까지 왔으니 안전하게 즐기고 느끼려고 노력했다.

낭만의 대명사, 파리에 도착

지하철을 타고 루브르 박물관 근처에 있는 숙소에 도착했다. 도보로 다닐 수 있는 접근성 좋은 위치여서 아주 만족스러운 숙소였다. 예전 터키와 그리스에서는 다르게 주인이 나와 있지 않아서 우리가 SNS 안내를 받아 들어가는 방식이었다. 1층 공동현관문을 열고 들어가니 좁은 계단이 나왔다. 오래된 건물이라 그런지 계단은 사람들의 오고 간 발걸음에 많이 닳아 있어서 그 흔적이 세월을 보여주었다. 숙소인 3층까지 올라서 문을 여는데 정작 꿈쩍도 했다. 열쇠를 넣고 이리저리 돌려봐도 꿈쩍하지 않고 돌아가지 않는 열쇠에 마음이 답답했다. 아내가 해봐도 안되고 보다 못한 아이도 자신이 해보겠다며 해봤지만 움직이지 않았다. 10분을 넘게 허비해서 안 되겠다 싶어 숙소 주인에게 SNS로 물어보았다. 주인은 친절하게 이렇게 해보라 저렇게 해보라 알려줬는데 안되었다. 숙소 후기를 읽어봤는데 간혹 열쇠가 잘 안된다라는 글이 있어서 그런가 보다 했는데 그걸 우리가 당하니 실감이 났다. 결국 도저히 안돼서 주인 남편분이 오셔서 열어주기로 했다.

우린 거리로 나가 우두커니 골목길을 지나가는 사람들을 바라보았다. 그 앞에 있는 카페, 레스토랑의 불빛들과 건물들이 파리에 왔다는 걸 알려줬지만 아직 우리 것이 아니라는 생각이 들었다. 한 시간 넘게 기다린 결과 주인 남편분이 와서 열어 주었다. 참 쉽게 열려서 매우 허탈하고 그분에게 미안한 마음도 들었다. 그분도 속으로 이건 뭐지라고 생각했을 거란 생각에 낯이 좀 뜨겁기도 했다. 오신 김에 그분에게 열쇠 잘 여는 법도 배우고, 파리 시위 상황에 대한 것도 물어봤다. 시위는 현재 안전하니 걱정하지 말라고 서울처럼 안전할 거라고 염려 말라고 덧붙여주었다.

짐을 풀고 저녁 6시 30분쯤 루브르 박물관으로 갔는데 너무 넓고 어디가 어딘지 모르는 상황에 점심도 굶은 탓에 제대로 된 관람을 하기 힘들었다. 저녁을 먹으러 근처 식당에 갔는데 아내는 소고기 타르타르를 시켰지만 식감 때문에 잘 먹지 못해서 먹다가 남기고, 에스카르고, 소고기 스테이크 등 다른 음식들은 늦게 나와서 초조해졌다. 종업원에게 부탁해서 음식을 빨리 내주면 좋겠다고 부탁을 하고 나오자마자 서둘러 먹고는 8시에 루브르 박물관으로 갔다.

루브르 박물관을 처음 알게 된 것은 아마 초등학교 사회과 부도였을 것이다. 거기에 등장한 커다랗고 아름다운 궁전과 붉은 꽃들이 생각난다. 꼭 봐야 한다는 박물관이라서 어릴 때부터 마음에 담고 있었는데 야간 조명으로 보이는 박물관 외관은 그 크기에 압도당하기 충분했다. 영국박물관보다 더 커 보이는 외관이었다. 입장하는 곳에는 또 하나의 상징이 된 거대 유리 피라미드가 있었다. 이 피라미드는 신구 조화를 이루는 건축물로 인정받고 있다. 이날은 늦게까지 개관을 해서 시간이 조금 있을 줄 알았는데 보고 싶은 작품을 찾아가는 것도 힘들었다. 이때 나와 아내는 열쇠 사건부터 해서 쌓인 피로에 다소 예민해져 있을 때라 특단의 조치로 아내는 아이와 함께 보고, 나는 혼자서 관람을 하기로 했다. 아이도 시간이 없는 상황을 인지했는지 아내를 잘 따라다니며 모나리자, 날개 달린 니케, 메두사 그림 등을 보았다고 아내가 말해주었다. 나도 후다닥 관람을 해가면서 사진을 찍고 폐장 시간이 다 되어 로비에서 만났다.

마트에서 장보기

루브르 궁전은 프랑스 왕실이 후원하는 예술의 중심지로 프랑스혁명 이후 미술관으로 개장되어 일반인들에게 개방되었다. 그러던 중에 나폴레옹이 집권하고 황제에 올라 프랑스 제국이 되자 루브르 박물관에 자신이 수집, 약탈한 문화재를 보관하고 다른 유럽 국가들이 보내온 선물을 전시, 보관하면서 확대가 되었다. 박물관은 3개의 관으로 나뉘어 있는데 쉴리 관, 드농 관, 리슐리외 관이다. 1개의 관도 크고 여러 층으로 되어 있어서 다니는데 너무 복잡했다. 글을 쓰고 있는 지금 영국박물관, 미국의 메트로폴리탄 박물관, 대만의 고궁박물관 모두 가보았는데 여기가 나에게는 가장 다니기 어려운 관람 루트였다. 그래서 한국어 가이드 지도를 보고 다녀도 어떻게 다녀야 하는 건지 길을 잘못 든 경우도 있었다. 이날은 가뜩이나 시간도 별로 없는데 서둘러 유명한 작품들을 봐야 한다는 생각과 길까지 찾기가 복잡해서 내 마음이 더 복잡해진 듯했다.

흥분을 가라앉힌 후 마음을 조금 추스르고 우리는 파리 패스가 있어서 루브르를 오늘 방문해도 다음 날 방문하는 게 문제 되지 않았기에 다시 와도 된다는 생각으로 관람을 하니 그나마 마음 편히 볼 수 있었다. 세계 유수의 박물관들이 그렇겠지만 대만 고궁박물관을 제외하고는 자국 문화재 비율이 그리 높지 않다. 미국이야 역사가 짧은 나라이고 영국이나 프랑스의 거대한 박물관은 약소국이나 식민지 약탈로 이루어진 박물관인데 이러한 보물들을 선진국에서 안전하게 보관하니 오히려 낫다고 봐야 하는 건지 그래도 그 나라로 돌아가야 한다고 봐야 하는 건지 논란이 있지만, 당연히 그 나라 유물은 그 나라에 있어야 한다. 해당국에서 도움을 요청하지 않는 이상 선진국에서 보관하는 게 낫다는 생각은 여러 이유가 있을 수 있어도 궁색하면서 서구 우월주의의 시각이라고 본다.

짧은 관람을 마치고 숙소 근처 마트에서 장을 봤다. 루브르 박물관과 숙소는 걸어서 10분도 채 되지 않는 거리에 있어서 돌아오는 길에 장을 보고 오는 게 편했다. 숙소에서 아침 식사와 가끔 저녁도 해먹을 생각이어서 물과 음식들을 잔뜩 사서 양손 무겁게 들고 왔다. 그리고 다들 씻고 어수선했던 파리의 첫날밤을 보냈다.

영화 'You Call It Love'가 떠오르는 파리

루브르 박물관 야경

파리의 낮과 밤 즐기기

2019년 1월 12일(6일째)-파리 시가지

아침에 일어나자마자 전날 마트에서 사온 냉동 피자를 돌리고 샐러드, 샌드위치를 준비했다. 아내를 위한 아몬드 우유, 아이를 위한 오렌지 주스, 나를 위한 콜라까지 냉장고에서 꺼내 차리고 요거트도 준비해서 다들 파리에서 첫 아침을 셀프 조식으로 맞이했다. 내가 다녀본 유럽의 에어비앤비는 주방 시설이 잘 되어 있어서 이렇게 요리하기에 편리했다. 밖에서 식사를 하게 되면 유명한 음식을 맛볼 수 있지만 매 끼니마다 사 먹게 되면 비용 부담이 되니 아침이나 저녁을 이렇게 해 먹을 수 있는 게 비용 절감이나 현지 마트 이용, 현지의 식재료를 사용할 수 있다는 장점이 있었다. 살짝이나마 파리지앵의 삶에 스며드는 느낌이었다. 다들 비워진 배를 가득 채우고 어제 급하게 보았던 루브르에 대해 아쉬움이 많이 남아 오전은 루브르 박물관 탐방을 다시 하기로 했다.

루브르에서 제일 좋아했던 유물

이제 문 잠그는 것도 익숙하고 한층 몸과 마음도 넉넉해진 우리는 가벼운 발걸음으로 루브르 박물관을 향했다. 비도 내리지 않고 춥지 않은 날씨에 파리의 거리가 눈에 잘 들어왔다. 크게 심호흡을 하며 내가 사랑하게 된 도시의 모습을 제대로 눈에 담아보았다. 시간이 이제 넉넉하니 한국어 가이드를 듣고 함께 천천히 둘러보기로 했다. 영국 런던에서 느꼈던 내셔널 갤러리의 감동이 다시 느껴지는 듯했다. 영국에서는 영국박물관보다는 아무래도 회화 쪽에 내가 관심이 많기에 내셔널 갤러리가 더 크게 감동적이고 인상 깊게 느껴졌는데 루브르 박물관에서도 아무래도 일반 유물보다는 회화, 조각 작품들을 많이 보게 되어 좋았다. 회화 외에 루브르에는 이집트, 서아시아, 발칸반도 등에서 가져온 유물들도 많이 있다. 회화 위주로 봤던 내셔널 갤러리와는 다르게 고대 그리스 로마 조각상과 작품들도 있어서 도감 속에서 봤던 조각상을 보는 재미도 쏠쏠했다. 어제 아내와 아이는 보지 못했던 밀로의 비너스를 감동적으로 바라봤다. 이러한 유명 작품들이 내 눈앞에 있다는 게 신기할 따름이었다. 곳곳에 공부하는 학생들이 바닥에 앉아 교사의 설명을 듣고 있어서 기분 좋은 에너지를 얻었다. 또 어떤 분은 이젤과 그림 도구를 놓고 모사를 하고 있었다.

루브르에 있는 회화는 중세시대부터 1848년까지의 작품들로 약 6,000여 점이 있다고 한다. 1848년 이후는 오르세 미술관에서 보관, 전시하고 있어서 루브르와 더불어 파리 최고의 문화 전시장을 이루고 있다. 회화 작품은 레오나르도 다빈치의 '모나리자', '성 요한과 성모 그리고 아기 예수', '성 안나' 등이 있고, 카라바조, 라파엘로, 들라크루아, 렘브란트 등의 작품과 프랑스 화가 하면 가장 유명한 인물인 다비드의 작품들도 많이 있다. 루브르 박물관은 이런 전시품 말고도 소설 '다빈치 코드'로도 많은 유명세를 떨쳤다. 루브르 박물관 관장인 자크 소니에르가 다빈치의 인체 비례도의 모습으로 죽어 있고 루브르에서 이를 주인공인 로버트 랭던이 소피 느뵈와 함께 진실을 추적하며 벌어지는 일인데 가톨릭과 회화 예술에 관심이 많은 나로서는 정말 흥미진진하게 읽은 소설이었다.

퐁네프 다리에서 센강을 배경으로

루브르에서 우리 가족의 문화 예술 공부를 마치고 나와서 그 유명한 퐁네프 다리를 건너려고 하는데 그 유명한 소매치기인 싸인(Sgin)단 이 와서 길을 막더니 사인해달라고 했다. 파리를 여행해 본 사람이 라면 싸인단에 대해 모를 수가 없다. 길을 막고 기아 돕기나 난민 돕기 등 이런저런 말을 늘어놓으며 싸인을 부탁하고 이를 틈 타 소 매치기를 하는 수법이다. 나는 가는 길에 이미 싸인단을 보았고 그 들이 접근하리라는 걸 알아서 그들이 다가오자 무시하고 바로 갔다. 아이는 이때 목마 타고 있어서 나는 아이 양발을 손으로 잡고 후다 닥 가고 아내도 옆에서 모른 척하고 지나쳤다. 이들이 말을 거는데

177

그러면서 재빨랐던 게 나의 재킷 호주머니에 손을 대는 게 느껴졌다. 그 안에 지갑이 있었는데 마침 지퍼가 있는 호주머니여서 잠겨 있었기 망정이지 아니었으면 그때 불상사가 일어날 뻔했다. 그들을 지나친 다음에 보니 호주머니 1/3이 열려있었다. 다음부턴 더 조심해야겠다며 아내와 이야기했다.

이날 개선문에서 대규모 시위가 있다고 해서 가는 곳곳 무장을 한 경찰 병력이 눈에 띄었다. 아이는 그걸 보고 경찰을 봤다며 좋아했다. 그리 크지 않은 센강의 시테섬에 놓인 퐁네프 다리를 건넌 후 헤밍웨이가 자주 찾았다는 카페 레 뒤 마고에 갔다. 가는 길은 점심 시간이어서 그런지 노천카페나 음식점에 사람들이 앉아 식사를 즐기고 있었고 길가에서는 악단이 실시간으로 연주를 하고 있었다. 영국과는 다른 식문화를 가진 곳이라는 기대감으로 앙트레부터 디저트까지 먹고 싶은 것을 시키니 나중에 영수증을 봤을 때 나와 아내는 15만 원 정도를 내야 한다는 것을 깨달았다. 이땐 비용 생각하지 않고 파리에 온 만큼 미식의 나라를 느껴보자는 생각으로 맛을 즐겼다. 카페 레 뒤 마고는 문학가, 철학가들이 자주 찾고 토론하고 즐긴 파리의 명소이다. 그 감동에 벅차 종업원에게 굳이 이 가게에 정말 오고 싶었다고 불필요한 말까지 했다. 디저트를 시킬 때 종업원이 커다란 쟁반에 케이크, 타르트, 마카롱, 도넛, 에클레어, 밀푀유, 각종 베리 등을 잔뜩 가지고 와서 고르라고 했는데 아이는 다 자기에게 주는 건 줄 알고 손을 대려고 해서 제지하느라 약간 진땀이 흘렀다. 느긋하게 커피까지 마시고 노트르담 성당을 향해 갔다.

파리의 오후는 바닥에 내딛는 우리의 발소리를 기분 좋게 나게끔 해주었다. 노트르담 대성당은 파리 시테 섬 동쪽에 있는 성당으로 랭스, 샤르트르 대성당과 더불어 고딕 양식의 최고봉에 있는 성당이다. 나폴레옹의 대관식과 빅토르 위고의 소설 노트르담의 꼽추 무대가 된 곳으로도 유명하다. 프랑스 가톨릭의 자부심이자 파리 문화재의 자부심이기도 한 대성당은 현재 화재로 크게 불에 타서 보수 중에 있다. 우리가 방문했을 때는 그 전이라 온전히 관람을 할 수 있었다. 성당 앞에는 걸스카우트로 보이는 여자아이들 무리가 뭐라고 구호를 외치면서 단체 동작을 했는데 우리는 알아들을 수는 없었지만 주변에 있는 사람들은 흐뭇하게 그 모습을 쳐다봤다.

성당 내부로 들어왔을 때 파리 최고의 관광명소라서 그런지 많은 사람이 있어서 기도를 하려는 사람들은 힘들 수 있겠다는 생각이 들었다. 내부의 스테인드글라스가 너무 아름다워서 사진으로 남겼지만 그만큼의 아름다움을 담을 수는 없었다. 아이는 촛불에 불을 붙이고 기도를 했다. 내부 관람을 마치고 나서 종탑으로 가기 위해 옆으로 나와 줄을 섰다. 올라갈 수 있는 시간을 자동발권기로 미리 예약을 해야 해서 우린 가장 가까운 시간을 체크하고 기다렸다. 한 10분 정도 기다렸을까 그렇게 오래 기다리지 않고 올라가 볼 수 있었다. 탑 위로 올라가서 본 광경은 장관이었다. 여느 유럽 도시들이 대개 그렇지만 높지 않은 건물들이 대부분이고 예전에는 성당이 최고층이자 기준점이었기 때문에 노트르담 대성당 위에서 본 파리 시내는 방사형 도로가 완벽하게 보였다. 에펠탑은 물론이고 저 멀리 몽마르트르 언덕도 보였다. 몽마르트르 언덕은 치안이 좋지 않고 아이가 있으면 쉽게 당할 수 있는 것들이 있어서 가지 않기로 했기에 그렇게 바라만 보았다. 우리 가족은 한 바퀴 돌면서 파리를 한눈에 천천히 담았다. 그리고 노르트담 성당은 탑에 있는 가고일 석상도 매우 유명해 그 모습들을 보는 것도 흥미로웠다. 노트르담 성당에서만 꼼꼼히 보 느라 2시간 정도 구경을 했다.

나와서는 파리 팡테옹으로 갔다. 팡테옹은 판테온의 프랑스어 발음 으로 프랑스의 위인들이 잠들어 있는 국립묘지이다. 영국의 웨스트 민스터 사원과 같은 역할을 한다고 볼 수 있지만 국가 묘지로서 역 할을 한다는 점이 차이가 있다. 건물의 정면은 로마 판테온을 따와 상당히 비슷하고 신고전주의 양식으로 위에 둥근 돔이 인상적이라 영국의 세인트 폴 대성당과 유사한 면이 있는데 팡테옹의 돔은 전체 가 돌로 이루어져 있다. 그런데 세인트 폴 대성당은 크리스토퍼 렌 이 설계와 시공까지 모두 완성시켰지만 팡테옹은 설계했던 수플로가 도중 사망하면서 전체적으로 성당에서 묘지로 바뀌며 모습이 크게 변하게 되었다. 지하에는 볼테르, 에미 졸라, 빅토르 위고, 루소, 모 네, 퀴리 부부 등 프랑스 위인들이 잠들어 있다. 팡테옹 앞에서 버 스를 타고 에펠탑으로 향했다. 그 근처에 내렸는데 가려던 식당이 7 시에 문을 열어 일단 아내가 가고 자 했던 약국에 가서 지인들 선물 을 조금 사고 에펠탑 야경을 보러 갔다.

에펠탑을 배경으로

에펠탑 앞 공원에서 화려한 조명으로 빛나는 에펠탑을 배경 삼아 사진을 찍는데 아이가 내 핸드폰을 잡고 실수로 놓쳐버려서 핸드폰 액정이 산산조각 났다. 그래도 터치하는데 불편함은 없어서 일단 쓰다가 한국으로 돌아가면 수리하기로 했다. 에펠탑을 더 가까이 보기 위해 샤요 궁전 쪽으로 가서 야경을 즐겼다. 에펠탑은 알다시피 에펠이 만든 거대한 철탑으로 1889년에 완공되어 1930년까지 미국 크라이슬러 빌딩이 지어지기 전까지는 세계 최고층 건물이었다. 이는 1889년 파리 박람회에 전시할 목적으로 세워졌는데 영국 박람회의 자랑이었던 수정궁을 의식해서 지어졌다. 본래 20년만 두고 철거하려 했고 모습이 너무 흉물스러워서 예술가들에게 항의를 많이 받았다. 그리고 당시에는 너무 높은 건물이라 무너지면 어쩌나 하는 시민들의 공포가 있었고 예술의 도시인 파리의 명성을 깎아내린다는 소리가 나왔다. 실제로 분리해서 놓고 보면 파리의 일반적인 건축물과는 어울리지 않는다. 그래도 계속 살아남아 이제는 파리와 프랑스를 상징하는 것으로 오히려 예술과 미의 도시인 파리 자체를 의미하는 상징물이 되었다는 것은 아이러니하다. 석재로 지어진 건축물이 익숙한 상황에서 그 당시 철골로만 이루어진 모습이 이질적이고 흉물스러울 수 있는데 이제는 너무 익숙해진 모습이라 떼어놓고는 생각할 수 없게 되었다.

샤요 궁전에 올라 바라보는 에펠탑의 야경은 너무 아름다웠다. 반짝거리는 그 빛이 파리 전역을 바라보듯이 빛나는 데 아이도 다른 건 기억 못 해도 이 에펠탑만은 기억해서 여행 갔을 때 이야기를 꺼내면 에펠탑 이야기를 했다. 파리를 보러 온 많은 사람이 보석 같은 에펠탑을 배경으로 사진을 많이 찍었다. 그리고 그런 사람들을 노리고 오는 호객꾼들도 있었다. 우리는 아이가 있었기 때문에 아이를 보고 접근하는 사람들이 많았다. 말도 걸고 하면서 아이에게 뭔가 쥐어주려고 해서 사전에 후다닥 우리는 빠져나갔다.

저녁은 생각해 놓은 레스토랑에 갔는데 이유가 송아지 스테이크를 먹을 수 있다고 해서였다. 그래서 송아지 스테이크와 푸아그라를 주문하려 했는데 송아지 고기는 메뉴 교체로 인해 팔지 않는다고 해서 다른 메뉴를 골랐다. 아내는 못 먹어서 아쉬워했지만 그래도 레드 와인을 추천받아 시음도 하고 와인과 함께 오붓한 식사를 즐겼다. 아이는 디저트로 나온 초콜릿에 관심을 보였다. 처음 먹어본 푸아그라는 묵직한 크림 같으면서 와인과 잘 어울렸다. 점심과 저녁 모두 좋은 곳에서 식사를 한 덕분에 식비는 굉장히 많이 나왔지만 입과 마음이 좋은 기억을 담을 수 있어서 만족했다. 숙소까지는 버스를 타고 파리의 밤거리를 구경했다.

카페 레 뒤 마고

노트르담 성당

팡테옹

베르사유의 장미

2019년 1월 13일(7일째)-파리 미술관, 베르사유 궁전

아침으로 향긋한 프랑스 빵을 먹어보기로 해서 갓 구운 빵을 사기 위해 아내는 아침에 근처 빵집으로 가서 바게트와 크로와상을 사 와 다 같이 아침 식사를 했다. 바게트는 겉이 약간 바삭하면서 속은 촉촉했고 크로와상은 고소한 풍미가 씹으면 입안에 가득히 퍼졌다. 아침을 이렇게 먹으니 현지인이 된 듯한 착각이 들었다. 오늘은 문화 경험을 쌓는 날이기 때문에 얼른 챙겨서 밖으로 나왔다. 아쉽지만 날이 여전히 흐려서 새파란 하늘을 볼 수 없었지만 비가 안 오는 게 어딘가 싶어서 불어오는 겨울바람에 몸을 맡겨 오랑주리 미술관으로 향했다.

오랑주리 미술관이라는 명칭은 다소 생소하지만 미술을 좋아하는 사람이라면 반드시 방문해야 하는 곳이다. 무엇보다 모네의 '수련' 그림을 볼 수 있기 때문이다. 다른 미술관에도 모네 그림이 많이 있으나 이곳이 특별한 이유는 모네가 자신의 수련 그림을 기증하기로 하면서 미술관은 그에 맞게 공간 설계를 하게 되었고 리모델링을 거친 후 2006년에 지금의 모습으로 재개관했기 때문이다. 이 미술관에는 정말 유명한 피카소, 마티스, 르누아르, 세잔, 모딜리아니 등의 작품도 있는데 그보다 더 한 것은 1층에 있는 모네의 수련 8점이다. 작품은 굴곡진 캔버스를 온전히 걸을 수 있도록 전시실 자체가 타원형으로 되어 있다. 이곳은 영화 '미드나잇 인 파리'에서 주인공과 여자친구, 다른 친구들과 방문해서 나온 장면으로도 유명하다. 전시실에 들어가면 그 정숙한 분위기에 모네의 그림이 촤르르 펼쳐져 있는데 순간 공원에 나와 있는 듯한 착각이 들 정도였다. 관람하는 사람들도 거의 없어서 한 자리에서 유심히 볼 수 있었다. 아이는 그곳에서 기우뚱해서 하마터면 작품에 손을 댈 뻔한 식은땀 나는 상황이 연출했다. 가드도 주의하라고 눈짓을 주었다.

오랑주리 미술관 모네의 수련

모네의 수련을 파노라마처럼 감상하고 강 건너 오르세 미술관으로 발걸음을 옮겼다. 이곳 역시 회화 작품이 방대하여 루브르에서 썼던 작전을 활용해 따로 보기 작전으로 각자의 작품을 감상했다. 루브르 박물관은 말 그대로 박물관이라면 여기는 회화의 보물 창고였다. 신고전주의와 인상파 화가들의 작품이 대거 있는 곳이라 현대 미술에 대해서는 흥미도가 떨어지는 우리 부부에게는 최고의 장소였다. 쿠르베, 밀레, 마네, 르누아르 등 유명한 프랑스 화가들의 작품도 많았고 뭉크, 고갱, 고흐 같은 인상파 화가들도 있었다. 원래는 오르세 역이었는데 철도 발전에 따라 수용이 부족해져 폐역이 된 것을 미술관으로 리모델링해서 개장했다고 한다. 처음 들어간 곳에서 충격을 받았던 작품은 밀레의 '이삭 줍기'였다. 이 작품이 여기 있다는 것은 알았지만 실제로 두 눈으로 보았을 때의 감동은 남달랐다. 그 작품 외에 고흐의 '별이 빛나는 밤' 같은 작품을 보았을 때에도 그 붓놀림을 보기 위해 경이로움으로 작품을 계속 바라봤다.

오르세 미술관 내부

밀레의 '이삭 줍기'와 '만종', 마네의 '풀밭 위의 점심'과 '피리 부는 소년', 쿠르베의 '화가의 아틀리에', 고흐의 '별이 빛나는 밤', 드가의 '발레리나', 르누아르의 '햇빛 속의 누드', 세잔의 '카드 놀이하는 남자들', 고갱의 '타이티의 여인', 앵그르의 '샘' 등 수많은 작품이 나

188

의 눈을 호화롭게 해서 어지러울 지경이었다. 개인적으로는 루브르와 비교하자면 오르세 미술관이 작품들 면에서 더 나았다. 중세 미술에 대해서는 잘 모르고 르네상스 회화도 유명한 레오나르도 다빈치, 라파엘로 정도였기에 19세기 화가들이 작품이 가득한 이곳에서는 눈을 돌릴 때마다 좋은 작품들이 있어서 보는 내내 흥분과 즐거움이 있었다. 아내도 밀레, 고흐, 르누아르 작품이 기억에 남는다며 오길 정말 잘했다고 했다. 그 와중에 아이는 "머리 속에 소시지 생각밖에 없어!"하면서 소시지가 먹고 싶다고 소시지 타령을 하기 시작했다. 아이에게 나름의 향수병인 듯했다.

베르사유 궁전 도착

오르세에서 나와 근처 앵발리드 기차역으로 향했다. 만화 '베르사유의 장미'의 무대인 베르사유 궁전을 가기 위해서였다. 프랑스는 파업이 자주 일어나서 철도 파업으로 베르사유 궁전을 못 간 사람들이 있다 해서 갈 수 있을까 걱정했는데 다행히 발권도 잘 되고 기차도 제시간에 바로 출발해서 편하게 갈 수 있었다. 가는 길에 아이는 잠이 들어 내가 안고 기차에서 내려 근처 식당으로 갔다. 베르사유 궁전 근처 식당이라 관광객들이 많이 오는 식당일 텐데 외국인인 우리가 보았을 때는 보통 레스토랑과 똑같아 보였다. 들려오는 소리를 들으니 미국인들이 많은 듯했다. 전체로 연어 타르타르, 에스카르고를 주문하고 메인으로 농어 구이와 오리 다리 구이를 주문해 먹었다. 일단 나와 아내는 맛있게 먹고, 깊이 잠든 아이를 깨워 먹인 다음 베르사유 궁전으로 갔다. 아이가 에스카르고를 좋아해서 프랑스 음식 하면 떠올리는 게 이 달팽이 요리가 되었다.

멀리서도 금빛으로 반짝이는 베르사유 궁전이 보였다. 겨울이라 사람들이 많지 않아서 금방 안으로 들어갈 수 있었다. 30대 이상이면 '베르사유의 장미'라는 만화 영화를 기억할 것이다. 마리 앙트와네트와 오스칼이 등장하는 프랑스혁명 시기를 다룬 만화 영화는 초등학생 때 엄청난 인기를 끌었었는데 그때 베르사유라는 이름을 처음 듣게 되었고 베르사유 궁전에 가보고 싶다는 생각을 했었다. 파리에서 남서쪽으로 22km 정도 떨어진 거리에 있는 베르사유는 거대한 궁전을 통해 세상에 이름을 알렸다. 태양왕이라고 불린 루이 14세의 궁전으로도 유명한데 궁전 못지않게 정원도 유명하다. 이곳 역시 영화 '미드나잇 인 파리'에 나왔었다. 영화 속에서는 색감이 따뜻하면서 뚜렷하게 나왔는데 날이 흐려서인지 사진에 담긴 베르사유 궁전은 생각보다 빛나 보이진 않았다. 이곳은 루이 14세부터 16세까지 왕조의 궁전으로 사용되었다.

세계사적으로 보면 이곳에서 큰 사건 2가지가 일어났다. 첫 번째가 독일제국의 황제인 빌헬름 1세가 보불전쟁에서 프로이센을 승리로 이끌면서 이곳 거울의 방에서 황제로 즉위했다. 그리고 거기에 설욕하듯 1919년에 거울의 방에서 제1차 세계 대전 종전 강화 회의가 열려 베르사유 체제가 성립되었다. 베르사유 궁전은 태양왕 루이 14세의 절대왕정을 여실히 보여주는 결과물이었다. 중세시대부터 왕권은 약하고 제후들의 입김은 강했으며 왕은 그저 여러 제후 중 조금 더 강했던 존재였을 뿐이지만 중세를 지나면서 상비군과 관료제를 기반으로 왕을 중심으로 한 절대왕정이 형성된다. 그때 루이 14세는 귀족들의 입김이 없는 새로운 곳을 찾아 베르사유 궁전을 짓게 된 것이고 이러한 왕권을 보여주고자 일반인들에게도 공개하여 사람들은 왕이 식사하는 모습, 왕비가 출산하는 모습까지 볼 수 있었다.

거울의 방에서 한 컷

베르사유 궁전을 생각할 때 떠오르는 가장 유명한 곳인 거울의 방은 양 옆이 창문과 거울로 이어져 있었다. 이 방의 모습을 남긴 유명한 그림이 독일 제2제국 선포식과 베르사유 조약 서명의 순간이다. 이 두 그림을 통해 독일제국의 흥망을 볼 수 있으니 그것도 참 애잔한 역사의 모습이다. 궁전 뒤편으로 나와서는 정원으로 나갔는데 겨울이라 꽃도 없고 바람도 많이 불었지만 궁전을 배경 삼아 단정하고 정갈하게 꾸며진 모습을 보니 아름다웠다. 베르사유 궁전에 화장실이 없어서 정원에서 볼일을 봤다고 하는데 어느 정도 맞는 이야기이다. 로마 시대보다 못한 위생 시설로 인해 각 방에 요강 같은 걸 두어서 볼일을 보거나 했는데 그걸 하인들이 버릴 곳이 없어 정원 아무 곳이나 버렸기에 악취가 나는 것은 당연지사였다. 지금은 당연히 공용 화장실이 있어서 관광객들이 이용하고 있다.

궁전을 나와 다시 기차역으로 돌아가 편하게 기차를 타고 파리 시내로 들어왔다. 아침부터 소시지를 외친 아이를 위해 향수병을 잊게 하고자 한국 마트를 찾아갔다. 한국 음식도 많이 팔고 일본, 중국 음식도 간간이 파는 마트였는데 한국인들도 제법 있으려니와 프랑스인들도 있었다. 그곳에서 봉지라면, 소시지, 김치, 김밥을 샀다. 숙소까지 두 봉지 넉넉하게 들고 와서 저녁을 준비했다. 담백하면서 짭짤한 라면과 아삭한 김치, 삶은 소시지, 상추가 들어간 김밥으로 저녁을 먹었다. 아이는 이 식사가 여행 중에 먹었던 모든 밥 중에 제일 맛있다고 했다. 한국에서는 잘 먹지도 않던 김치도 먹고 싶다고 얼른 씻어 달라고 말하기도 했다. 어린아이지만 이제 한식이 소울푸드인가 보다. 어느덧 여행 중반이라 쉼표라 생각하고 만찬을 즐겼다.

미드나잇 인 파리

2019년 1월 14일(8일째)-파리 시가지

모두 아침 9시까지 꿀잠을 자고 아침 먹으러 가는 길에 빨래방에 들렀다. 이번 아침 식사는 근처 카페에서 즐겨보기로 해서 일단 빨랫감을 들고 빨래방에서 빨래를 한 다음 가기로 했다. 불어로 가득한 빨래방에서 난관을 뚫고 빨래를 돌리는 데 성공했다. 아내가 해석한 대로 동전을 교환하고 내가 세제 받는 기계의 번호를 돈 넣는 기계에 입력하니 띠-하는 소리와 함께 세제가 나와서 무사히 세제를 받았다. 하지만 세제 넣는 구멍을 몰라서 세제를 손으로 퍼서 옮기기도 했으나 다행히 제대로 넣은 거였다.

무사히 빨래하기를 완료하고 근처에 있는 카페로 식사하러 갔다. 크로와상, 커피, 과일주스, 오믈렛, 크레페로 완벽한 프렌치 아침을 먹었다. 아내는 크레페를 꼭 먹어보고 싶었다고 했다. 크레페는 달걀의 촉촉함과 부드러움, 버터의 고소함이 어우러져 입안에서 춤추며 넘어갔다. 식사를 마치고 난 뒤 빨래방에 다시 가서 건조기를 돌리고 마트에 다녀오니 빨래가 깨끗하고 뽀송뽀송하게 잘 말려있었다. 여행 중 이렇게 편하게 깨끗한 옷을 입게 되니 행복했다. 앞으로는 손빨래 안 하고 이렇게 빨랫감이 모이면 빨래방에서 세탁하는 게 편하다는 생각이 들었다.

에펠탑 누르기

버스를 타고 에펠탑이 잘 보이는 샤요 궁전으로 갔다. 낮에는 와본 적이 없어서 파리 에펠탑을 배경으로 수많은 사람이 사진을 찍는 그곳에 가서 우리 가족 모두 사진을 찍었다. 에펠탑을 손으로 드는 시늉도 하고 입을 맞춰보는 시늉도 하면서 여러 사진을 찍었다. 한참을 그렇게 놀다가 버스를 타고 개선문 근처에 내가 찾아 놓은 스테이크 레스토랑으로 갔다. 아무래도 걷는 여행을 하다 보니 열량 소비가 많아서 그런가 고기를 자주 찾게 되었다. 레스토랑은 이미 사람들로 북적였다. 운이 좋게 바로 자리를 얻어 테이블에 3명이 붙어

앉았다. 스테이크와 감자튀김을 두 번에 나눠서 갖다 줘서 따뜻하게 먹을 수 있었고 양도 푸짐해서 정말 만족스러운 식사였다. 다른 것 없이 기본에만 충실한 맛이라 아이와 아내도 좋아했다. 그래서 사람들이 그렇게 많았나 보다. 아침과 점심 모두 외식하게 되어 다들 배가 상당히 불렀다.

걸어가서 만난 개선문은 웅장하고 거대했다. 서울 서대문에 있는 독립문이 이 개선문을 따라 만들었다고 했는데 비교도 안될 정도로 거대했다. 도로 한가운데 있어서 위험해 보였지만 사진을 찍고 싶게 만들었다. 가까이 가서 사진을 찍고 지하 보도를 통해 개선문 안으로도 들어갔다. 아이가 걷기 힘들어해서 목마를 태우고 200개의 계단을 걸어 올라갔다. 내려오는 사람들은 그런 나를 보고 박수 쳐주었다. 맨 위에 전망대에 오르니 이곳에서도 파리의 방사형 도로를 가까이 볼 수 있었는데 노트르담 성당에서 봤을 때와는 또 다른 느낌이 들었다. 특히 샹젤리제 거리가 눈앞에 확 들어와 걷고 싶다는 생각이 간절했다.

개선문은 전쟁에서 승리하고 돌아오는 장군을 맞이하기 위해 세운 문으로 승리한 장군을 개선장군이라고 불렀다. 개선문 문화는 고대 로마제국에서 많이 이루어졌는데 황제들은 자신의 업적을 내세우기 위해서 개선문을 만들기도 했다. 그런 영향의 총체가 이 파리의 에투알 개선문이다. 나폴레옹이 만들었다고 하나 정작 살아 있을 때는 이 개선문을 지나지 못했고 세인트 헬레나 섬에서 죽고 나서 그 유해를 파리로 옮기기 위해 지나갔던 1840년이라고 한다. 파리는 이 개선문을 중심으로 방사선 별 모양의 도로가 퍼져있다. 그래서 에투알(etoile), 즉 별이라고 불리는 것이다. 파리의 방사형 도로는 그 옛날 파리 재개발 당시 나폴레옹 3세가 시위를 효율적으로 진압하기 위해 만들었다는 이야기도 전해진다. 개선문에서는 파리 신도시 지역인 라데팡스의 신 개선문을 바라볼 수 있어서 신구의 개선문을 비교하는 것도 재미있다. 파리의 12개 도로 중앙에 자리 잡고 있어서 어느 쪽을 봐도 쭉 뻗은 도로들이 보였다.

못 누른 개선문

그렇게 구경을 한 후 내려와서 화려하고 많은 사람이 걷는 그 유명한 샹젤리제 거리를 걸었다. 누구나 다 아는 프랑스 샹송의 대표 노래가 연상되는 그 거리를 걷는 것만으로 기분이 좋아졌다. 아이가 좋아하는 디즈니 상점도 있어서 물건은 사지는 않고 눈으로 구경만 하다가 나왔다. 명품 거리라 그런지 각종 유명 브랜드가 즐비했다. 이때는 마침 구름이 걷혀서 파란 하늘을 잠깐 볼 수 있었다. 샹젤리제 거리가 끝나고 화려한 알렉상드르 3세 다리를 건넜다. 영화 '미드나잇 인 파리' 마지막 장면에서 주인공이 다리를 걷다가 가게 여종업원을 만나는 그 다리였다. 도도히 흐르는 센 강에 있는 다리 중에서 가장 아름답다고 일컬어지는 다리였다. 다리의 유래는 러시아 알렉상드르 3세 이름에서 빌렸다. 영화의 여운을 느껴보며 다리를 건너려는데 크레페 노점이 있었다. 이걸 지나칠 아이가 아니었다. 누텔라 크레페 1개를 사서 먹으며 다리를 건넜다.

그리고 앵발리드로 가서 나폴레옹 1세의 무덤을 봤다. 앵발리드는 팡테옹과 더불어 파리의 묘지이다. 팡테옹이 위인들을 모신 곳이라면 앵발리드는 군인들을 모신 곳이다. 그리고 그 유명한 나폴레옹 1세가 잠들어 있다. 원래 이곳은 추모 공간이 아니라 병원과 노병 및 퇴역군인들을 위한 시설이었다. 그래서인지 본 건물 옆으로 가면 퇴역 군인들이 생활하는 건물이 나온다. 앵발리드 본관으로 가기 전에 박물관처럼 전시물들이 많이 있었다. 우리의 목적은 나폴레옹 1세의 무덤을 보는 것이었기에 빠르게 훑고 지나갔다. 본관 안에 들어가니 거대한 돔의 위용이 내 어깨를 짓누르는 듯했다. 밑으로 내려가니 매끄러운 곡선을 가진 나폴레옹의 관이 있었다. 이 관을 처음 본 건 어릴 적 집에 있던 위인전 시리즈 중 나폴레옹 전기에서였다. 맨 뒤에 몇 장의 사진이 있었는데 그때 파도 모양의 곡선에 짙은 나무 색을 한 관을 보았던 그 기억이 아직도 난다. 앵발리드에서 나와 근처에 있는 카페에 가서 에스프레소, 카페라테, 초콜릿 크림 푸딩을 주문해 먹었다. 쉬는 동안 점차 노을이 어둠으로 바뀌었다. 우리는 개선문에서 야경을 보기 위해 다시 왔던 길을 걷기로 마음먹었다.

프랑스 군인 행세

가로등이 비쳐 더 멋진 알렉상드르 3세 다리에서 에펠탑을 바라보니 맞은편 다리의 조명에 반사된 센 강이 너무 아름다웠다. 낮보다 더 화려하고 반짝이는 샹젤리제 거리를 지나 개선문으로 걸어갔다. 아이가 가는 길에 내 어깨에서 잠이 들어 거리를 걸어가는 내내 자고 있는 아이를 어깨에 지고 걸었다. 한 가지 웃겼던 것은 자고 있는 아이를 어깨에 지고 있다는 것을 아이가 내 어깨에 얹혀있는 중에 알았다. 나와 아내 모두 웃음을 터트렸다. 나도 모르게 아이를 어깨에 얹혀갔던 것이다. 여행 내내 내 어깨는 아이의 보금자리가 되어갔다.

개선문에 도착했는데도 깨어날 기미가 보이지 않는 아이 때문에 난감했다. 자고 있을 때는 무게가 더 나가는데 도저히 200개의 계단을 데리고 올라갈 힘이 나질 않았던 것이다. 다행히 잠든 아이를 업은 우리를 본 개선문 직원들의 배려로 특별히 엘리베이터를 타고 손쉽게 위까지 올라갈 수 있었다. 이러한 비밀 공간이 있었다니, 아이가 아니었으면 경험해보질 못한 순간이었다. 파리의 야경을 그렇게 둘러보고 내려올 때는 아이도 깨워 같이 계단으로 내려왔다.

아내는 에펠탑 야경을 다시 보고 싶다고 해서 버스를 타고 다시 한 번 에펠탑 앞 샤요 궁전으로 향했다. 우리 가족 사진사인 나는 아내에게 에펠탑을 배경으로 여러 포즈를 주문했다. 남는 건 사진이기 때문에 이렇게 저렇게 많이 찍었다. 반짝거리는 보석 같은 에펠탑을 다들 마음에 담고 버스를 타고 숙소로 돌아왔다.

저녁은 집에서 먹기로 했다. 왜냐하면 어제부터 송아지 스테이크를 아내가 먹고 싶어 했는데 우리의 검색 부족인지 먹을 수 있는 식당을 못 만나서 숙소에서 직접 해 먹기 위해서였다. 마트에서 극적으로 송아지 고기를 찾고 숙소에 남아있는 바게트를 처리할 수프, 저렴한 화이트 와인, 아이를 위한 초콜릿 아이스크림을 샀다. 집에 와서 바로 준비해 모두 맛있게 프렌치 가정식을 즐겼다. 와인잔으로 건배하며 파리와의 이별을 준비했다.

에투알 개선문

나폴레옹 1세 무덤

에펠탑 야경

비바! 이탈리아

2019년 1월 15일(9일째)-말펜사 공항, 밀라노 시가지

일어나자마자 아침 식사로 저번에 한인 마트에서 사 온 컵라면 2개에 누룽지를 끓이고 남은 김치에 먹었다. 그리고 기차역으로 서둘러 갈 준비를 했다. 아이는 영국에서 샀던 작은 장난감을 잃어버려서 계속 찾다가 결국에는 못 찾고 파리를 떠나게 되었다. 설거지, 이불 정리도 다 하고 분리수거까지 하고 나오느라 다소 바빴지만 무사히 기차를 타고 샤를 드골 공항으로 갈 수 있었다. 아이는 잃어버린 장난감 때문에 내내 표정이 좋지 않았다. 4일 밤을 잤던 정들었던 파리와도 안녕이다. 언제 다시 올지 모르나 단순히 거리를 걷는 것만으로도 좋았던 파리에 대해 좋은 기억을 갖고 떠났다.

다음에는 햇살이 화사하고 빛이 산개하여 걸을 때 다소 땀이 나는 날씨, 차가운 얼음이 들어있는 음료를 찾는 계절에 다시 오고 싶다는 생각이 들었다. 공항에서 출국 수속을 마친 후 간단하게 빵과 커피로 점심을 해결하고 비행기를 탔다. 오후 1시 25분 출발하여 2시 55분에 이탈리아 밀라노로 도착하는 비행기인데 안에는 거의 이탈리아 사람들로 보였다. 1시간 30분 후 밀라노 말펜사 공항에 도착했다. 비행기에서 내리자마자 새파란 하늘에 한 번 놀라고 멀리 보이는 알프스 산맥에 또 한 번 놀랐다. 파리에서는 매일 다소 흐린 날씨였는데 여기는 화창하다 못해 투명한 하늘 그 자체가 있는 듯했다. 멀리 보이는 알프스가 선명하게 보이는 것이 경이로웠다. 공항 나올 때에는 같은 EU라서 그런가 검문 검색도 없고 같은 나라 이동하는 것처럼 바로 나왔다. 버스를 타고 다시 1시간을 달려 밀라노 시내에 도착했다.

노을 지는 두오모를 배경으로 아내와 아이

밀라노는 이탈리아 북서부에 있는 도시로 롬바르디아 지역의 대표
도시이다. 북부 최대 도시이자 소득 수준이 굉장히 높은 도시로 알
려져 있다. 알다시피 이탈리아는 우리나라처럼 반도 국가인데 남과
북의 소득 격차가 상당히 크다. 로마를 기점으로 북쪽 지역은 산업
화가 잘 이루어져서 공업 시설도 많고 일자리도 많아 잘 사는데 비
해 남부는 산업 발달이 크지 않아 경제 소득이 낮다. 그래서 이탈리
아는 지역감정도 심하다. 밀라노 인구는 130만 명으로 우리나라로
치면 대전 정도 되는 도시였다. 물론 도시의 위상은 세계적으로 드
높은 수준이었다. 여러 기업, 은행의 본사가 있고 증권 거래소가 있

는 도시이면서 섬유, 의약, 자동차, 기계 등 관련 제조업의 많은 공장이 있어서 경제적으로 부유했다. 그리고 패션과 디자인의 중심지라서 프라다, 아르마니, 베르사체, 돌체 앤 가바나 등 유명 이탈리아 브랜드가 포진해있었다. 파리, 런던, 뉴욕과 더불어 세계 4대 패션쇼를 책임지고 있는 지역이기도 했다.

이탈리아는 로마제국 멸망 뒤에 근대 국민 국가가 되기 전까지 유럽 안에서 별다른 이름 없이 힘을 쓰지 못했는데 에스파냐, 포르투갈, 영국, 프랑스, 네덜란드가 유럽을 주름잡을 때 작은 나라들로 분열되어 있던 이탈리아와 독일은 그저 변방으로 취급받고 있었다. 독일은 신성로마제국이 있었지만 여러 제후국으로 나뉘어 있었고 이탈리아는 교황령과 제후국, 공화국들로 나뉜 상태였다. 그래서 두 나라의 근대 국민 국가 통일 과정이 중요하게 다뤄진다. 이탈리아는 로마제국 멸망 뒤 봉건사회였던 프랑크 왕국을 거치고 그 이후 분열을 거치며 지방 정권으로 산산조각 난 나라였다. 그래서 이탈리아는 지방색이 매우 강했는데 이탈리아 왕국으로 통일되기 전까지 몇 백 년 동안을 분리된 채 살았기 때문이다. 알프스 이남 교통의 요지이기도 한 밀라노는 한때 프랑스 영토가 되기도 했었고 밀라노 공국으로 독립된 적도 있었고 오스트리아의 지배를 받은 적도 있다. 프랑스 나폴레옹의 지배를 받은 적도 있으며 다시 오스트리아의 지배를 받아서 이탈리아 왕국으로 편입이 될 때까지 합스부르크 가문의 지배를 받은 부침의 세월을 거쳤다.

젤라토는 소중하다

중앙역 바로 옆에 있는 호텔에 짐을 풀었는데 더블린에서 묵었던 호텔에 버금가게 좋았다. 체크 인을 하고 두오모로 지하철을 타고 갔다. 두오모(Duomo)는 피렌체 두오모를 많이 연상하지만 대성당을 의미하는 뜻으로 밀라노 대성당 역시 두오모로 불리며 가톨릭 성당에서 매우 유명한 성당이다. 노을이 져가는 이곳 광장에는 한국 단체 관광객들이 많이 보였다. 아내는 두오모에 올라가자 했지만 나는 밀라노 시내를 둘러보며 천천히 즐기고 싶어 광장과 이 주변을 걸어보자고 했다.

밀라노 대성당은 500년이 넘는 공사 기간이 걸려 완공되었다고 한다. 1386년에 착공되어 1965년에 완공되었다고 하니 스페인 바르

셀로나의 사그라다 파밀리아 성당에 비견될 정도였다. 밀라노 대성당은 고딕 양식 성당으로 세계에서 손꼽히는 성당이고 이탈리아 안에서는 가장 큰 성당이기도 했다. 이탈리아 성당은 주로 로마네스크 양식이 많아서 고딕 양식이 유명한 프랑스보다 상대적으로 고딕 건물이 없다. 그러기에 고딕 양식을 대표하면서도 최대 규모를 자랑하는 밀라노 대성당은 밀라노에 온다면 반드시 찾아야 할 장소인 것이다. 그런데 랭스나 쾰른, 샤르트르 대성당 같은 고딕 양식의 전형을 보여주는 건축물과는 많이 달라 처음 보면 이게 고딕인가 하고 생각할 수 있다. 긴 공사 기간 동안 이것저것 덧붙여지고 하면서 양식이 뒤섞였기 때문이다. 그래도 하늘을 찌를 듯이 우뚝 솟아 오른 첨탑들을 보면 하나님이 계신 하늘에 닿고자 소망하는 그 당시 사람들의 마음이 잘 드러나 있다.

비토리오 에마누엘레 2세 갤러리아와 세계적인 오페라 하우스인 라 스칼라를 지나 걷는 길에 유명한 이탈리아 젤라토를 사 먹었다. 아이는 딸기, 우리는 커피 맛으로 주문해 아이는 컵으로 받았고 우리는 콘으로 받아 거리를 걸으며 맛을 봤다. 쫀득하기보다는 뭔가 부드러운 맛이 일품인 맛이었다. 가는 도중에 비스트로가 보여 저녁을 먹기 위해 들어갔다. 이탈리아에 왔으니 피자와 파스타를 시켰다. 피자는 위에 밀라노 스타일 살라미가 올라간 피자였고 파스타는 라구 소스와 탈리아텔레로 만든 파스타였다. 나는 맛있었는데 아내 입맛에는 상당히 짜다고 해서 먹고 나서는 속이 조금 안 좋다고 했다. 밖을 걸으며 바람을 쐬니 나아졌다. 아내가 바람을 쐴 동안 나와 아이는 근처 레고 가게에 들어가서 레고 구경을 실컷 했다. 아이는 레고를 사 주는 줄 알고 엄청 기분이 올라갔는데 결국 열쇠고리 레고 2개를 사는 것으로 만족했다.

밤의 두오모 앞에서

돌아가는 길에 밀라노 두오모의 야경을 즐기고 새로 생긴 스타벅스 매장에 가보기로 했다. 이탈리아의 에스프레소 사랑은 각별하다. 좌석에 앉지 않고 바에 서서 단돈 1유로로 빠르게 내린 에스프레소를 한 잔 마시고 바로 나가는 이탈리아 커피 문화를 보여주듯이 커피는 삶의 일부분으로 미국처럼 큰 컵에 에스프레소를 담고 물을 잔뜩 탄 아메리카노가 없다. 유럽은 아메리카노 문화가 아니라 에스프레소 문화이다. 차가운 커피의 개념도 없지만 워낙 세계 사람들이 많이 오는 관광지는 아메리카노며 아이스 커피를 팔았다. 그러나 일반적으로 커피는 뜨거워야 했다. 물에 탄 커피는 필터 커피라고 부르며 일반적으로 마시지는 않는다. 그 문화가 가장 짙은 곳이 이탈리아고 그러기에 전 세계 곳곳에 침투한 스타벅스가 이탈리아에는 좀처럼 진출하지 못하고 있었다. 그래서 스타벅스는 상징적인 에스프레소 문화의 심장에 진출하려고 노력했고 그러한 스타벅스가 문을 새롭게 연 곳이 밀라노여서 한 번 구경 가기로 했다.

에스프레소의 본고장이라는 자부심이 강하고 커피가 일반적인 기호 식품으로 저렴한 가격으로 운용되는 이탈리아이기에 스타벅스 같은 거대 체인점에 대해 별로 좋은 평가를 하지 않는다. 우리나라에서도 진짜 깊은 한식 맛을 보려면 전통 있는 식당에 가지 일반적인 체인 점에 가지 않는 것과 마찬가지였다. 이탈리아에는 소규모로 카페들 이 굉장히 많기에 대형 커피 체인이 발 붙이기 힘든데 밀라노에 스 타벅스 로스터리 매장이 열었기에 호기심 삼아 방문해봤다. 외관은 상당히 고풍스러운 건물이었고 들어가면 큰 로스터리 기계가 있고 내부도 상당히 넓어서 꽤나 신경을 썼다는 인상을 받았다. 아내는 아이스 아메리카노를 주문했고 나는 에스프레소를 주문했다. 가격은 우리나라보다는 약간 저렴해 보였다. 에스프레소를 그냥 마시면 원 두의 향이 확 느껴지는데 거기에 설탕을 첨가하면 달콤하면서도 커 피의 진한 맛이 더 잘 느껴진다고 해서 대개 설탕을 한 스푼 넣고 저어서 홀짝 마신다. 그렇게 커피 한 잔을 마시며 밀라노의 밤을 함 께 보냈다.

밀라노 대성당

밀라노 스타벅스 매장

패션의 도시 밀라노에서 물의 도시 베네치아로

2018년 1월 16일(10일째)-밀라노, 베네치아

레오나르도 다빈치의 '최후의 만찬'을 보기 위해 아침 7시에 힘들게 눈을 떴다. 무엇보다 밀라노에 온 목적은 이것 때문이었다. 아무 때나 볼 수 있는 것이 아니라 아내가 6개월 전부터 홈페이지에 계속 접속해서 겨우 예약을 한 거라 어렵게 볼 수 있는 기회를 얻었다. 예약을 하고 나서도 혹시 무슨 일이 일어나 볼 수 없으면 어쩌나 하는 걱정이 있었지만 다행히 보러 가는 날까지 아무 일이 없었다. 자고 있는 아이를 안고 10분 만에 후다닥 조식을 먹고 바로 나와서 지하철을 탔는데 지하철은 출근하는 밀라노 사람들로 꽉 차 있었다. 인파에 섞여 떠나가듯이 지하철에서 내려 산타 마리아 델레 그라치에 교회까지 걸어갔다. 교회로 가는 길은 한적하고 호젓한 분위기를 풍겼다. 앙증맞은 이탈리아 경차들이 일렬로 주차되어 있는 도로 옆을 걷노라면 동화 속에 있는 듯한 기분이었다. 교회에 도착해서 표를 바꾸고 대기했다. 예약제로 운영되어 우리 외에도 20명 남짓한 사람들이 있었다. 시간이 되어 백발에 나이가 지긋한 가이드를 따라서 벽화가 있는 곳으로 이동했다. 시간이 지나 많이 흐려있었지만 그래도 이 정도 복원되기까지 시간이 오래 걸린 걸 알기에 경이로운 마음이 가득 찼다.

신타 마리아 델레 그라치에 교회 앞

레오나르도 다빈치의 템페라로 신약 성경에 등장하는 예수가 잡혀가기 전에 마지막으로 제자들과 식사하는 모습을 그린 그림으로 최후의 만찬을 소재로 한 그림 중에서 가장 널리 알려져 있고 다빈치 작품 중에서도 손꼽히는 작품이다. 그림 상태가 좋지 않은 이유는 다빈치가 활동하던 당시에는 회반죽을 벽에 발라 그것이 마르기 전에 재빨리 그림을 그리는 프레스코화가 일반적인데 그게 아닌 템페라 기법으로 그림을 그렸기 때문이다. 프레스코화는 로마제국 시대부터 그려오던 기법으로 르네상스 시대에 최전성기를 보냈던 기법이나 다빈치는 벽에 달걀이나 벌꿀, 무화과나무 수액 등을 바르고 그 위에 유화를 그리는 템페라 기법을 활용했다. 화가들은 색이 있는 돌이나 식물에서 직접 채취해 안료를 만들고 이걸 달걀 등과 섞어서 물감으로 사용했다. 이 당시에는 달걀을 용매로 많이 사용했다고 한다. 단점은 프레스코 기법보다 부식이 쉽게 된다는 점이었는데 그럼에도 불구하고 템페라를 사용한 것은 천천히 그리며 세밀한 묘사와 생동감을 전할 수 있는 그림이 가능했기 때문이다.

다빈치가 1495년부터 3년에 걸쳐 그린 그림인데 소설 '다빈치 코드'에서는 음모론의 중요한 키워드로 등장하는 그림이기도 하다. 예수 옆에 있는 젊은 남성이 대개 사도 요한이라고 일컬어지는데 사도 요한이 아닌 사실은 마리아이며 옆에 있는 베드로가 목을 치고 있는 듯한 그림으로 마리아의 운명을 나타냈다고 하는 것이다. 그리고 예수와 마리아 사이에 브이(V) 모양의 공간이 나오는 데 이게 성배를 상징한다고 하는 내용으로 음모론을 주제로 한 소설에 이야깃거리를 주는 그림임에 틀림없다. 인물 묘사 외에 원근법이 상당히 뛰어난 그림으로 르네상스 전성기를 대표하는 그림으로 1977년 복원되기 전에는 훼손이 워낙 심해 그림의 형태가 온전히 남아있지 않았다. 그리고 무려 22년에 걸쳐서 복원 작업이 이루어졌는데 복원이 된 다음에 진짜 원본으로 복원을 했는지에 대한 논란이 있긴 하다. 하지만 무려 500년이 흐른 뒤에 복원이 된 그림이라 많이 훼손된 상황에서 완전히 원본의 모습을 찾아 복원한다는 것은 어렵다고 생각한다. 가이드가 설명을 해줬는데 이곳에 제2차 세계 대전 당시 큰 폭격이 있었다고 하는데 그 와중에 무사히 성당 벽은 무너지지 않아서 그림은 보존될 수 있었다고 한다. 사람들은 각기 핸드폰과 카메라로 그 순간을 담기에 바빴다. 나도 몇 장 찍었는데 다소 어두운

실내라서 그런지 생각보다 잘 나오지는 않았다. 그 고고한 분위기를
남겨두고 나왔다.

레오나르도 다빈치 '최후의 만찬'

성당에서 나와 다시 지하철을 타고 두오모로 갔다. 어제 노을 지고
있던 두오모를 봤을 때와는 또 다른 느낌이었다. 햇빛에 반사되는
하얀 대리석이 반짝여 광장 전체를 밝혀주고 있는 듯했다. 광장에는
비둘기가 많아서 아이는 또 신나게 비둘기를 쫓아다녔다. 우리는 밀
라노 시내의 중심인 두오모 광장의 바로 옆에 있는 비토리오 에마누
엘레 2세 갤러리아에 갔다. 세계적인 패션 브랜드들이 모여 있는 이

곳의 이름은 꽤 긴데 그 명칭은 사르데냐의 제2대 국왕이면서 통일 이탈리아 왕국의 제1대 국왕 이름이다. 이곳에는 아내에게 무언가 선물을 해주고 싶어서 데려갔는데 아내도 마음에 들어 해서 이번 여행 동안 가장 큰 선물을 해줬다. 아이는 기웃거리면서 소파에 드러누워 오직 앉아 있을 생각만 했다. 호텔로 돌아와 빠르게 짐을 싸서 체크 아웃을 했다. 어느새 터질 듯한 캐리어에 쇼핑백이 2개였다.

숙소 앞 첸트랄레 역에 가서 커피를 마시고 베네치아로 가는 유로 시티 기차를 탔다. 역에 있는 커피 바에서 나도 서서 이탈리아 사람처럼 작은 에스프레소 잔에 설탕을 한 스푼 넣고 휘저은 다음 딱 세 모금으로 끝냈다. 기차 안은 테이블이 있어서 서로 마주 보며 갈 수 있었고 테이블이 있어서 간식도 먹고 아이도 장난감으로 놀 수도 있었다. 가는 내내 아이를 한국에서 가져온 스티커 북 놀이, 역 매점에서 산 작은 레고와 클레이를 가지고 잘 놀다가 자기도 했다. 2시간 30분이 걸려 물의 도시 베네치아 역에 도착했다. 기차에서 내릴 때는 몰랐는데 베네치아 역 앞으로 나오는 순간 입이 떡 벌어졌다. 살면서 그런 장면은 처음 봤기 때문이다. 바로 앞에는 바닷물이지만 강물 같은 하천이 흐르고 있었다. 그렇게 얽히고설킨 거미줄처럼 물 줄기가 있는 도시 베네치아에 온 것을 실감했다.

산 마르코 대성당 앞

베네치아, 영어로는 베니스라고 불리는 이 도시는 전 세계에서 유일한 물의 도시가 아닌가 싶다. 현재 구시가지는 오로지 배로만 이동이 가능하고 자동차나 오토바이의 운행은 불가능하다. 물길로만 다니니 당연히 배로 다니는 것이고 도심이 크지 않아 충분히 도보로다 둘러볼 수 있다. 걷지 않고 이동을 하려면 곤돌라나 작은 페리를 타고 이동할 수 있는데 좁은 길은 곤돌라로만 이동이 가능했다. 작은 페리는 정류장처럼 선착장이 곳곳에 있어서 순서대로 이동을 했다. 지금과 같은 모습이 된 때는 5세기경 게르만 족의 침입을 피해 로마인들이 석호 지대로 넘어가 정착을 했던 것이 시초로 동로마 제국 밑에서 자치적으로 운영되었다. 그러다가 프랑크 왕국의 카롤루스 대제가 침입을 해오고 이를 방어하는 과정에서 동로마 제국이 개입하고 결국에는 동로마 제국 산하에 남게 되었다. 그리고 지금과는 다르게 각 섬들이 산재하고 있어서 이를 조금씩 간척해 나갔고 도시가 성장할수록 막대한 북부 이탈리아에서 막대한 영향력을 가진 도시로 전성기를 구가한다. 그때가 르네상스기의 베네치아 공화국이다. 그 이후 시련이 많았던 도시였다. 나폴레옹에 점령당하기도 하고, 오스트리아의 지배를 받기도 하다가 나중에 이탈리아가 1866년 프로이센-오스트리아 전쟁 당시 프로이센 편에 서서 베네치아를 넘겨받게 된다. 이 물의 도시는 소설이나 영화에서도 자주 등장하는데 개인적으로 좋아하는 영화 '인디아나 존스 3'에 초반부 단서를 얻는 중요한 도시로 나오고 댄 브라운의 소설 '인페르노'의 무대도 이 베네치아였다.

젤라토를 손에 들고

물길 위를 오가는 수상 버스와 곤돌라, 수많은 관광객이 오가는 도시에서 다소 짠 바닷바람을 마셔보았다. 역 근처에 있는 구불구불한 골목길을 들어가 오래된 호텔에 체크 인을 했다. 방 안은 우리가 묵기에 넓었고 다소 오래되어 보였지만 세월의 흔적이 엿보이는 클래식한 감성이 묻어나는 호텔이라 너무 마음에 들었다. 방에 짐을 풀고 나와 산 마르코 광장을 향해 걷기 시작했다. 좁고 굽이진 골목길과 다리를 건너며 보이는 모든 풍경이 영화의 한 장면 같았다. 진정 세계 유일 물의 도시다웠다. 생각보다 하얗고 심플하지만 거대했던 리알토 다리를 지나 화려한 상가와 기념품 가게들을 지나서 산 마르코 광장에 금방 도착했다.

광장에는 비수기이지만 제법 많은 사람이 베네치아의 풍경을 즐기고 있었다. 나폴레옹이 유럽에서 가장 아름다운 응접실이라고 극찬했던 이곳은 산 마르코 대성당, 두칼레 궁전 등이 자리 잡고 있는 넓은 광장으로 그 이름이 된 산 마르코는 신약 성경 마태복음을 지은 마르코의 유해가 이슬람 세력의 공격을 피해 이집트 알렉산드리아에 매장되어 있던 것을 828년 옮겨와 베네치아의 새로운 수호성인으로 선포하면서 비롯되었다. 이 유해를 안장하기 위해 지은 성당이 산 마르코 대성당이다. 성당 앞으로 장식하고 있는 멋진 청동 말 4마리는 십자군 전쟁 당시 콘스탄티노플에서 약탈한 전리품으로 부식 문제로 인해 밖에 있는 것은 복제품이다. 종탑에 올라서 그 광장을 보고 싶었는데 수리 중이라서 올라갈 수는 없었다. 하늘도 파랗고 노을이 져가고 있어서 더욱 운치 있는 분위기를 만들어줘 사진을 찍는데 다들 아름답게 나왔다. 광장의 또 다른 명물은 시계탑이다. 로마자로 24시간이 표시되어 있는데 12궁도와 달, 태양이 표현된 천동설 시계로 굉장히 정밀하게 잘 만들어졌다.

광장에서 두칼레 궁전 쪽 해안가로 오면 그 유명한 탄식의 다리가 보인다. 그 이름이 붙인 이유는 중범죄자에 대해서 두칼레 궁전에서 재판을 하고 무죄 판결을 받으면 정문으로 나오지만 유죄가 되면 다리를 건너 지하 감옥에 수감되었다. 마지막 베네치아의 풍경을 볼 수 있는 그 다리를 건너며 탄식을 했기에 이 이름이 붙여졌다고 한다. 카사노바가 탄식의 다리를 건너며 수감되고 탈옥했다고 하는데 그건 루머에 불과한 이야기다.

저녁 식사로는 여행자들의 추천을 받은 식당으로 갔다. 구시가지에 있는 식당이라 가격은 조금 있지만 내일이면 또 떠날 곳이라 맛있는 음식을 먹기로 했다. 해물 모둠, 먹물 파스타, 랍스터 토마토 파스타를 주문했다. 아내는 먹으면서 계속 감탄을 연발했다. 야들야들한 면에 싱싱한 해산물은 짜지 않고 담백해 살아있는 맛이라고 칭송했다. 나와 아내, 아이는 신나게 음식을 먹었다. 아내는 와인, 나는 콜라를 곁들이고 후식으로 티라미수와 레몬 소르베까지 풀 코스로 먹었다. 가격은 조금 있었지만 상쇄할 정도로 맛이 좋아서 나갈 때 주인아저씨와 사진도 찍었다. 해가 완전히 져서 깜깜한 베네치아 거리를 가로등에 의지해 돌아가는데 이곳에서 걷다가 길을 잃어도 좋겠다는 생각이 드는 별이 반짝거리는 베네치아의 밤이었다.

리알토 다리

베네치아 운하

예술가들의 영원한 고향, 피렌체

2019년 1월 17일(11일째)-피렌체 시가지

베네치아를 느끼기 위해 아내는 아침 일찍 일어나 나와 아내를 깨우고 다 같이 조식을 먹으러 갔다. 어젯밤에 끝나가는 베네치아가 아쉬워 호텔에 돌아온 다음 로비에서 아이랑 아내와 놀다가 들어가서 피곤함이 있었지만 크루아상과 커피로 피로를 날렸다. 기차 시간까지는 1시간 정도 여유 시간이 있어서 수상 버스를 타보기로 했다. 표를 찍고 들어가는데 잘 안돼서 헤매긴 했지만 마침 온 배에 몸을 싣고 바람을 가르며 달렸다. 그런데 방향을 잘못 타서 배가 우리가 목적으로 한 산 마르코 광장으로 가긴 하는데 빙 둘러서 멀리 돌아가고 있었다. 물어보니 시간이 30분이나 걸린다고 해서 과감히 포기하고 내려 다시 기차역으로 향하는 배를 탔다. 광장까지 가보지 못한 게 아쉬웠지만 배를 탔다는 것에 만족하고 다리에서 마지막으로 사진 찍고 숙소에서 짐을 챙겨 역으로 갔다. 잠깐 시간이 나서 아이는 딸기와 초콜릿 젤라토를 먹었다.

11시 25분에 출발하는 피렌체행 기차에 무사히 자리를 찾아서 앉아 출발하길 기다렸다. 이윽고 기차는 출발하고 한참 가는데 어떤 이탈리아 아저씨가 오시더니 우리 자리가 자기 자리라고 하셨다. 우리는 우리 자리가 맞다고 확신했는데 역무원이 와서 살펴보니 우리 기차표는 2018년 9월 즉, 아내가 이 기차표를 예매했던 그때 그 날짜로 바로 끊은 표었다. 여행을 온 지금은 해가 바뀌어 1월이니 4개월 전의 날짜가 찍혀 있었다. 아내가 표를 잘못 예매한 것이다. 우리가 표를 예매해 놓고 날짜를 확인 안 했으니 누구를 탓할 수가 없었다. 하는 수 없이 기차 안에서 표를 다시 살 수밖에 없었는데 그 자리에서 산 표는 무려 206유로로 우리 돈 27만 원이 넘는 돈이었다. 원래 10만 원으로 산 티켓인데 3배 가까이 오른 가격에 미리 샀던 표값까지 합하면 총 40만 원에 가까운 돈을 지불하게 되었다. 이렇게 실수로 어이없이 큰돈을 쓰게 되다니 나와 아내 모두 속이 쓰리고 가슴이 아팠지만 즐거운 여행을 위해 겪는 좌충우돌이라 생각하며 이미 이렇게 된 이상 앞으로 여행을 다닐 때 더 유념하면서 준비하기로 했다. 비싼 기회비용을 지불하고 허무함과 속 쓰림을 삭이며 피렌체로 도착했다.

역에서 내려 이미 오후 1시 30분이 지나 점심을 먹어야 했지만 나와 아내 둘 다 오전의 충격으로 입맛이 없었다. 역 근처 중심가에 있는 호텔은 작았지만 안내하는 분도 매우 친절하게 맞이해주고 2층으로 배정된 우리 방은 길가에 있어서 창문을 여니 피렌체 거리가 한눈에 들어왔다. 비가 오락가락해서 화창하진 않았지만 다니기에는 적당한 온도의 날씨였다. 피렌체는 밀라노, 로마, 베네치아, 나폴리, 시칠리아와 더불어 가장 유명한 이탈리아의 도시라고 생각된다. 토스카나 지방 최대의 도시로 이 토스카나 지역은 이탈리아 역사의 보고라서 이쪽만 도는 투어가 따로 있을 정도라고 하니 르네상스의 본고장으로서 피렌체의 역사, 건축, 예술은 굉장히 유명하다고 할 수 있다. 피렌체는 과거 메디치 가문의 보호 아래 많은 예술가가 작품 활동을 해나갔는데 레오나르도 다빈치, 미켈란젤로, 라파엘로, 도나텔로, 보티첼리 등 르네상스에서 꼭 빠지지 않는 에이스들이 모인 곳이었다.

피렌체 두오모를 배경으로

방에 짐을 풀고 두오모를 향해 길을 나섰다. 한국인들에게 두오모 하면 떠오르는 피렌체 두오모는 영화 냉정과 열정 사이를 통해 대중 적으로 알려진 성당이다. 정식 명칭인 산타 마리아 델 피오레는 꽃 의 성모 마리아라는 뜻이다. 어딜 가도 볼 수 없었던 초록과 하양, 분홍 빛깔의 자태를 뽐내는 두오모가 나타났다. 피렌체의 랜드마크 이자 상징인 두오모는 브루넬레스키가 만든 돔으로도 유명하다. 색깔 있는 대리석과 더불어 유명한 이 돔은 벽돌을 쌓아서 올린 돔으로 공중 부벽을 쓰지 않고 로마 판테온보다 큰 돔을 지었기에 그 건축 기술에 놀랄 수밖에 없다. 건물을 높게 짓는 당시 중세에서는 고딕 양식이 유행했었다. 알다시피 고딕 양식은 첨탑을 높이 세우는 것이 중요했기에 공중 부벽을 통해 지지대를 형성해 만들었다. 이러한 방식은 프랑스에서 많이 사용되었는데 이 지역 이탈리아 사람들에게 있어서 프랑스나 다른 북쪽의 나라들은 로마 문명을 파괴한 야만인으로 그 양식을 모방하기보다는 다른 방식으로 하기 위해서 고민을 했다.

그러기에 성당 돔을 건설할 수 있는 묘안이 나오지 않아 공사를 하다가 51년 동안 천장이 뚫린 채로 있게 된다. 그러다가 1418년 이 돔을 짓기 위해 공모전을 열었는데 그때 채택된 사람이 그 유명한 브루넬레스키였다. 그전까지는 금속 세공사로 일하며 건축 일에는 별다른 인연이 없었는데 이 돔 공사로 인해 이름이 남게 된 것이다. 이때 경쟁자가 기베르티였다. 둘은 사이가 좋지 않았지만 기베르티 또한 대단한 예술가라 이 공사의 부책임자가 되어 브루넬레스키와 함께 일하게 되었는데 기베르티를 싫어한 브루넬레스키는 이 핑계 저 핑계 대며 결국 단독 책임자로 돔 공사를 마무리했다. 목재 틀 없이 벽돌을 쌓아서 완성하는 방법으로 1년에 걸쳐 공사가 마무리되고 브루넬레스키는 그 후 10년이 지나 사망하게 된다. 두오모 지하에 그의 무덤이 있다. 두오모 정면에 있는 산 조반니 세례당은 건물도 오래되었지만 무엇보다 천국의 문이 유명했다. 미켈란젤로가 감탄을 금치 못했다는 천국의 문은 세례당 대문인데 기베르티와 브루넬레스키가 공모전에 참여했다가 당선된 기베르티가 1425년부터 만들어 27년간의 노력이 깃든 작품이었다.

기절한 아이와 아내

두오모 주변에 사진을 찍으려는 많은 관광객을 뒤로한 채 더 내려가
니 시뇨리아 광장과 요새 같은 베키오 궁전이 나왔다. 시뇨리아 광
장은 베키오 궁전, 우피치 미술관 사이에 있는 광장으로 700년이
지난 지금에도 사용되는 광장이다. 이곳에는 많은 석상, 청동상이 있
는데 특히 미켈란젤로의 다비드 상, 헤라클레스 상 복제품이 유명하
다. 이 시뇨리아 광장을 지날 때부터 내 어깨 위에 목마 탄 아이는
자기 시작했다. 우피치 미술관을 지나가자 베키오 다리가 나타났는
데 중세로 시간 여행을 온 것 같은 마법 같은 풍경에 빠져들고 싶었
지만 내 어깨를 짓누르는 아이의 무게에 도저히 그 풍경으로 빠져들
지 못했다. 안아서 깨워봐도 깊이 잠든 아이는 깨어날 기미가 보이
지 않았다. 그래도 안고 다니는 것보다는 목마 태우고 재우는 것이
훨씬 나으니 아내와 나는 체념하고 사진을 찍으며 이 낭만적인 순간
을 기억했다.

마지막 하이라이트인 피렌체의 전경을 보기 위해 미켈란젤로 광장으로 가기로 했다. 미켈란젤로 광장은 1871년에 만들어졌고 중앙에는 미켈란젤로 탄생 400주년을 기념해 청동으로 만든 다비드 복제품이 있다. 아르노강을 가로지르는 베키오 다리를 건너 광장으로 가는데 잠든 아이를 쌀가마 지듯이 어깨에 싣고 걷기를 시작했다. 다소 높은 곳에 위치해 있기에 등산하는 심정으로 한 걸음씩 내딛는데 신혼여행 촬영하는 커플이 눈에 보여 잠시나마 자유로운 그들이 부러웠다. 등이 땀으로 흠뻑 젖었지만 오렌지 빛으로 물든 피렌체와 그 중심에 솟아 있는 두오모의 둥근 돔을 보고 있자니 가슴이 탁 트였다. 이때는 구름이 끼긴 했지만 하늘이 좋아 사진 찍기에 노을이 너무 아름다웠다. 한참을 바라고 보고 있다가 아이도 깨워 같이 사진을 찍었다. 그리고 근처에 두오모와 비슷한 양식으로 지어진 성당이 있어 가서 둘러보았다. 피렌체의 색감이 들어있는 대리석은 따뜻하고 싱그러운 분위기를 주었다.

미켈란젤로 광장에서 다시 아이를 안고 강줄기를 옆에 끼고 걷다가 다시 베키오 다리를 건너 시내로 들어왔다. 베키오 다리는 로마 시대부터 내려온 다리로 지금은 관광객을 상대로 한 보석 가게들이 줄지어 있었다. 아내가 한눈팔지 않게 빠르게 지나갔다. 미로 같은 피렌체 골목길을 지나서 예약해둔 식당에 도착했다. 피렌체는 소고기가 유명해서 티본 스테이크와 리소토, 봉골레 파스타로 식사를 했다. 아이는 특히 봉골레 파스타가 맛있다고 조개를 야금야금 다 해치웠다. 배불리 식사를 하고 밤이 되어 카페로 가는데 어둑하고 한적한 골목을 걸으니 피렌체의 속살을 보는 것 같았다. 시뇨리아 광장을 지날 땐 음악을 연주하는 악사가 있어서 그 장면을 영상으로 남겼는데 지금도 보면 그때의 감동이 살아난다. 작은 카페에서 커피 두 잔과 케이크 한 조각으로 피렌체의 여운을 즐겼다.

천국의 문

피렌체 전경

베기오 다리와 우피치 미술관

예술가의 고향에서 예술가의 수도를 향해

2019년 1월 18일(12일째)-피렌체, 로마

10시에 미술관 예약이 있어서 아침은 먹지 않고 서둘러 짐을 챙겨 체크 아웃과 동시에 호텔 데스크에 짐은 맡겨 놓고 나왔다. 밤사이 비가 내린 피렌체 시내는 파란 하늘 아래에서 더욱 선명한 색깔을 내었다. 서두른 이유는 바로 수많은 걸작을 만들었던 미켈란젤로에게 있어서 최고로 평가받는 보물이면서 아카데미아 미술관에 자리 잡고 있는 다비드 조각상을 보기 위해서였다. 사람들이 많이 있을 줄 알았는데 아침에 예약을 해서 그런지 의외로 한산해서 호젓하게 감상을 할 수 있었다.

다비드 상 앞에서

아카데미아 미술관은 말 그대로 교육기관으로 시작되어서 지금은 미켈란젤로의 미완성 작품을 비롯해 여러 작품을 전시하고 있다. 다비드 상이 원래 두오모에 설치하려고 했는데 운반 문제와 함께 걸작이라 많은 이들에게 보여주고자 시뇨리아 광장에 세워졌다가 산성비를 맞아 훼손이 생겨 1873년 토스카나 주 정부가 손상을 막기 위해 이곳 미술관으로 옮겼다.

여리하고 어린 양치기 소년을 표현하는 대신 억세고 다부진 몸매와 그러면서 소년 같은 강렬한 눈빛을 가진 다비드 상은 르네상스 조각의 백미이고 조각의 천재로 불리는 미켈란젤로를 말하기 부족함이 없는 조각상이다. 5.17m의 거대한 크기로 제작된 대리석상은 골리앗을 물리친 성경 속 영웅 다윗, 즉 다비드의 모습은 대개 그전까지는 승리를 거둔 후의 모습이 많이 표현되었으나 미켈란젤로는 싸우기 전 결의에 찬 표정의 입매와 눈빛과 찡그린 눈썹, 그리고 손과 다리의 자세, 튀어나온 힘줄과 우람한 근육을 통해 거대한 힘에 맞서 싸우는 의지를 잘 표현하고 있다. 처음 봤을 때는 손이 너무 크고 팔이 긴 것이 아닌가 하는 생각도 들었다. 이것은 작품이 원래는 두오모에 배치될 것을 감안해 아래에서 올려다보았을 때 모습을 잘 드러내기 위해서 그렇게 만들었다고 한다. 눈동자는 자세히 보면 하트 모양으로 조각되어 있는데 강렬하게 응시하는 효과를 가져다준다. 사람들이 많이 없어서 천천히 자세하게 볼 수 있어서 좋았다. 맨손으로 단단한 대리석을 깨며 그 모습을 생각하고 구현해 낸 천재 조각가에 경의를 표했다.

비너스의 탄생 앞에서

그다음으로 우피치 미술관으로 향했다. 그전에 먹지 못한 늦은 아침을 먹기 위해 근처 카페에 들러서 크루아상, 슈가 파우더가 뿌려진 빵, 초콜릿 크림 롤과 에스프레소, 카푸치노를 주문하고 아이를 위해 딸기 젤라토까지 완벽한 이탈리아의 아침 식사를 먹었다. 우피치 미술관을 가는 길은 화창한 날씨 덕분에 피렌체 시내가 더욱 선명하게 드러났다. 시뇨리아 광장에서는 나귀들이 여물을 먹고 있어서 르네상스 시기로 온 것 같은 착각이 들었다.

우피치 미술관에서는 우리 셋이 같이 다녔는데 피렌체 패스가 없어도 대기 시간 없이 바로 입장할 수 있어서 운이 좋았다. 표가 있다고 금방 들어가는 것이 아니라 일정 인원을 들여보내기 때문에 성수기에 가면 오래 기다릴 수 있다. 피렌체에서 빼놓을 수 없는 메디치 가문이 수집한 미술품들을 모아놓은 우피치 미술관은 세계적으로 르네상스 회화의 보물들을 대량 보유하고 있는 미술관으로서 루브르, 오르세나 영국박물관, 메트로폴리탄 박물관보다는 크기가 작지만 르네상스 시기의 회화, 조각, 작품만 놓고 보면 능가할 미술관이다. 보티첼리의 '비너스의 탄생'과 '봄의 향연', 티치아노의 '우르비노의 비너스', 레오나르도 다빈치의 '수태고지', 라파엘로의 '어린 요한과 함께 있는 예수와 성모', 카라바조의 '바쿠스' 등 보물 같은 작품들이 방마다 있어서 이름만 들어도 유명한 화가들이 잔뜩 있는 전시실을 옮겨 다니는 게 힘겨울 수밖에 없었다.

그 외에 메디치 가문의 초상화, 마르틴 루터 초상화나 라오콘 상 등이 있어서 신선한 즐거움을 주었다. 회화 작품이 3층에 몰려 있기에 우린 바로 3층으로 올라가서 내려가는 식으로 보기로 했다. 불후의 명작을 눈에 담으려는 세계의 여러 나라 관광객들과 함께 작품을 둘러보는데 아이는 역시 의자 찾아 삼만리였다. 관심이 도통 없으니 데리고 다니며 관람하는 것도 하나의 일이었다. 나중에 찍힌 사진을 보고 이 그림 하면서 외치겠지만 아직은 그저 이름 모를 그림일 뿐이었다.

우피치 미술관에서 아내와 아이

마지막 코스로 미켈란젤로가 설계했다는 라우렌치아 도서관에 갔는데 시간이 늦어서 입장하지는 못하고 잠시 그곳에 머무르는 것으로 만족해야 했다. 가죽 거리를 지나는데 아이가 고향 생각이 그리운지 국수와 김밥이 너무 먹고 싶다고 해서 나와 아내는 망설이다가 결국 아시아 음식점으로 갔다. 피렌체까지 와서 아시아 음식점이라니 어울리지 않는 조합이지만 아이를 위해 들어가 실패가 없는 새우 볶음밥에 일본 라면 2개를 주문했다. 인스턴트 맛이 강하게 나는 음식들, 좋게 말하자면 입맛에 맞는 음식들로 배를 채우고 근처 젤라토 가게를 방문했다.

피렌체 가죽 거리

이탈리아에 와서 매일같이 젤라토를 먹는 듯했다. 그만큼 이탈리아 명물이고 가격도 저렴하며 맛있고 더위도 가시는 상큼함과 시원함이 입안에 맴돌기에 탁월한 선택이었다. 나와 아내는 커피를 주문하고 아이는 딸기 젤라토를 한 그릇 비웠다. 그리고 기차 타기 전에 마트에 들러 물과 간식을 조금 샀다. 우리는 피렌체역으로 가서 로마 테르미니역으로 가는 기차를 탔다. 짧았지만 이탈리아에서 살고 싶다는 생각이 들었던 피렌체를 떠났다.

이번에는 자리 실수 없이 편하게 앉아서 우리를 데리고 간 기차는 오후 3시 38분에 출발해 노을이 지고 있는 5시 10분에 로마 테르미니역에 도착했다. 유럽에서도 상당히 큰 역에 속하는 이 역은 예상대로 끝없는 플랫폼과 쏟아지는 인파로 가득했다. 너무나도 유명한 곳이기에 유럽 안에서도 파리와 더불어 소매치기가 기승을 부려 소매치기를 당하지 않기 위해 지갑은 안 주머니에 넣고 핸드폰은 꼭 쥐며 숙소로 향했다. 나는 아이를 어깨에 올리고 캐리어를 끌면서 어두운 밤거리를 아내와 걸어갔다. 살짝 보슬비가 내리고 있었는데 사람들이 비를 맞으며 걸어가니 우리도 비를 맞으며 걸어갔다.

숙소는 파리와 마찬가지로 숙박 공유 사이트로 골라 숙박 예약을 했다. 로마 시내에 있는 아파트 같은 시설이었는데 내부가 매우 넓고 좋아서 우리 3명이 지내기에는 넓어 보였다. 아내는 푹신한 침대, 나는 주방 기구를 보고 마음에 들어했다. 짐을 놓고 밀린 빨래를 하러 근처 빨래방에 갔다. 동전으로 교환을 해야 하는데 동전 교환기는 보이지 않고 7유로 동전이 없어서 잔돈을 바꾸기 위해 근처 슈퍼에서 빵도 사고 초콜릿도 사야 했다. 그렇게 동전을 마련하고 빨래방에 가서 빨래를 돌리고 근처 마트에 가서 장을 봤다. 나는 저녁을 준비하기 위해 파스타를 종류별로 사고 물, 음료수, 향신료, 소시지, 햄 등을 사기 시작해 결국 6만 원 정도 장을 봤다. 두둑하게 3봉지나 장을 봐서 그걸 안고 오느라 아이 손도 못 잡아 주었다.

그렇게 숙소에 장을 봐온 것을 넣고 다시 빨래방에 왔는데 주인아저씨가 와 있었다. 30분이면 빨래가 돌아가는데 우리가 1시간 30분이나 나가 있어서 세탁기를 차지했다며 엄청 화를 냈다. 처음에는 어리둥절하고 이해가 가질 않았다. 빨래방을 자주 이용한 건 아니었지만 대개 눌러놓고 기다리는 경우도 있겠으나 나갔다가 들어오는 경우도 있고 하는데 너무 늦게 왔다고 심하게 화를 내는 건 우리도 기분이 좋지 않았다. 그러나 우리가 이곳 룰을 잘 몰랐나 생각하고 나갔다가 들어오는데 늦게 왔다고 사과를 했다. 기다리는 사람이 있어서 밀리는 것도 아니었고 세탁기가 한 대만 있는 것도 아니고 여러 대 있는 곳이었는데 왜 그렇게까지 화를 냈는지 사실 납득은 잘 가지 않았다. 사과를 하니 주인아저씨도 조금 나아졌는지 아까는 너무 화를 내서 미안하다고 했다. 건조기까지 마저 돌리고 빨래를 들고 숙소로 돌아왔다.

저녁으로 준비한 요리는 토마토 라비올리 파스타와 샐러드, 저민 햄과 소시지였다. 프랑스 파리에서 식비로 너무 많은 돈을 써서 이탈리아에서는 최대한 숙소에서 해 먹기로 했기에 특별히 실력 발휘를 해보았다. 우리나라는 거의 대부분이 건면 파스타였는데 이곳은 신선한 생면 파스타가 많이 있어서 여러 가지를 골라와서 요리해보았다. 우리나라에서는 잘 볼 수 없는 식자재였기에 여기서 구입해 만들어 먹는 재미가 있었다. 아내는 예쁘고 맛있어 보인다고 칭찬을 했고 아이도 파스타가 맛있다며 잘 먹었다. 식사를 마치고 아내와 와인 한 잔을 하려고 햄을 굽고 그 위에 치즈를 뿌려 안주로 내놓은 다음 둘이서 와인 잔에 이탈리아 와인을 담아 첫날을 자축했다. 아이는 치즈를 뿌린 햄을 먹다가 치즈에서 오줌 맛이 난다며 먹지 않았다. 그리고는 사온 초콜릿과 팝콘에 관심을 더 많이 가졌다. 이렇게 우리 여행의 하이라이트인 로마 여행이 시작되었다.

로마 테르미니 역

로마에서 첫 저녁 식사는 만들어 먹기

영원한 도시, 로마

2019년 1월 19일(13일째)-로마 구시가지

로마의 아침이 밝았다. 첫 아침이지만 계속되는 여행으로 아이는 피곤한지 늦잠을 자고 있었고 아내도 더 자고 싶다는 뜻을 은근히 내비쳤다. 이들을 깨우기 위해 나는 어제 사온 크루아상, 시폰 케이크와 함께 갓 내린 에스프레소, 오렌지 주스로 유혹을 했다. 다들 부스스하게 일어나 아침 식사를 하고 10시쯤 구름이 잔뜩 내려 다소 무거워 보이는 로마 거리로 나섰다. 로마는 세계사에 관심이 없어도 수백 번은 들었을 이름일 것이다. 고대 아시아 문명을 대표하는 도시로 중국의 시안, 이란의 페르세폴리스가 있다면 유럽은 그리스의 아테네와 더불어 이곳 로마였다.

지금도 이탈리아의 수도로서 명성을 떨치고 로마제국의 심장이었기에 세계의 머리, 영원한 도시라고 불린다. 서양사에서 로마라는 이름은 매우 중요하다. 콘스탄티누스 대제가 콘스탄티노폴리스(비잔티움)로 천도를 했을 때에도 명칭이 새로운 로마였고, 모스크바 대공국이 모스크바를 제3의 로마로 선포한 것은 이 문명사회에서 로마가 가지는 위치를 잘 대변해준다. 그리고 유럽에서 황제는 오직 로마 황제로서 로마의 적통을 이어받아야만 황제를 칭할 수 있었다. 로마제국이 멸망한 다음 비록 동로마 황제는 인정하지 않았지만 프랑크 왕국이 교황에게 서로마 황제의 관을 받았고, 나중에 신성로마제국으로 이어진다. 그리고 신성로마제국을 멸망시킨 나폴레옹은 프랑스 제국을 선포하게 된다. 우리가 제국주의 시대에 익히 아는 대영제국의 제국은 로마제국에서 온 것이 아니라 인도 무굴제국을 멸망시키고 그 제국의 위상을 가져온 것이다.

로마는 테베레강에 위치한 작은 도시 국가에서 출발해 왕국, 공화국 시절을 거쳐 로마제국 시대에 최정점을 찍다가 5현제 이후 서서히 막을 내리기 시작해 동서 분열 이후 서로마제국은 게르만족에게 멸망 당해 잠시 게르만족의 지배를 받았다. 그러다가 동로마 제국의 유스티니아누스 황제의 명을 받은 벨리사리우스 장군이 로마를 정복함에 따라 다시 동로마에 복귀했다가 다시 게르만족의 침입이 반복된다. 그 후 프랑크 왕국과 교황의 협상으로 인해 로마는 교황령으로 존속된다. 르네상스기에는 문화의 중심지로 교황은 수많은 예술가를 불러 로마에서는 많은 작품이 탄생하게 되는데 1527년 신성로마제국의 침략을 받는 사코 디 로마 사건으로 로마가 철저히 파괴된다. 이 사건으로 인해 로마는 르네상스 시대 건물은 찾기 어렵고 그 이후 바로크 양식의 건물이 도시 미관을 완성하게 되니 후폭풍이 엄청났다는 걸 알 수 있다. 그리고 이때 교황을 목숨 걸고 지켰던 스위스 근위대에 감명받아 영원히 교황청 근위대로 스위스 근위대를 쓸 것을 약속하고 지금까지 이어지고 있다.

그 이후 프랑스혁명 당시 프랑스군이 쳐들어와 이들에게 점령당하기도 하고 나폴레옹은 프랑스 제국의 직할령으로 만들어 버리지만 워털루 전투 패배 후 다시 교황령으로 복귀되었다. 최종적으로 이탈리아 안으로 로마가 들어온 것은 이탈리아 통일 전쟁 중이었다. 1870년 교황령까지 이탈리아로 복귀시킨 다음 이탈리아 왕국의 수도가 되었다. 그리고 1929년 라테라노 조약을 통해 로마의 바티칸 구역이 바티칸 시국으로 나뉘었고 제2차 세계 대전이 끝난 후인 1946년 세워진 이탈리아 공화국의 수도로 지금까지 이어지고 있다.

콜로세움 앞에서 아이와 아내

숙소에서 20분 정도 걸어가니 웅장한 콜로세움이 모습을 드러내고 있었다. 우리는 그 앞에 서서 2,000년 전에 지어진 장엄한 유적에 입을 다물지 못했다. 표를 예매해야 해서 줄이 늘어진 매표소에서 기다리는데 먹구름이 잔뜩 낀 날씨에 비가 보슬보슬 내리기 시작했다. 아이를 안고 모자를 쓰고 비를 맞으며 표를 사고 이윽고 입장했다. 로마 패스를 사지 않아 표를 사는 데에는 조금 대기가 있었지만 들어갈 때에는 그래도 금방 들어갈 수 있었다. 콜로세움의 정식 명칭은 플라비우스 원형경기장으로 베스파시우스 황제부터 시작해 아들 티투스 황제가 다스리던 서기 80년에 지어진 경기장이다. 대학 1학년 미술사 시간에 콜로세움은 1층부터 도리아식, 이오니아식, 코린트식의 원주가 층마다 다르게 있어서 미술 건축사적으로 봤을 때 좋은 공부가 된다고 배운 기억이 났다. 흔히 영화 '글레디에이터'로 많이 대중매체에 알려져 있는데 검투사 경기만이 아니라 크리스트교를 박해하는 장소로도 이용되었고 시민들을 위한 오락 시설로 맹수 경기, 서커스 공연 같은 것도 했고 심지어는 경기장에 물을 채워 가상 해전까지 벌였다고 한다. 해전은 비용 문제로 오래 지속되지 못했지만 로마 시민의 인기를 얻기 위한 황제들의 노력을 알 수 있었다.

콜로세움 내부

크리스트교에 대한 박해가 자행되었던 곳이라 희생된 교인들을 추모하는 공간도 있었다. 5만 명 이상을 수용할 수 있는 이 콜로세움은 매우 효율적으로 이어져 입퇴장을 할 때에 붐비지 않고 오갈 수 있는 게이트가 따로 있어 현대 경기장 못지않은 시설을 자랑한다. 햇볕이 뜨거운 날이면 최상층의 나무 기둥으로 가림막을 설치해 마치 지금의 돔구장처럼 모습이 변해 그때 당시로서는 놀라운 지금도 불가사의한 건물이다. 계단을 통해 2층으로 올라가 바라보는 콜로세움 안은 이제 폐허로 변해 있었지만 그래도 그 당시 모습을 상상하기에 충분했다. 이곳에서 울려 퍼졌을 함성과 탄식, 죽어갔던 사람들에 대해 잠시 생각해보았다. 이 건물 안을 수많은 사람과 지금 걷고 있는 기분이 신기했다. 과거 수많은 사람이 웃고, 환호하고 또 누군가는 죽음을 맞이한 곳에서 이렇게 바라보고 있자니 그저 대단한 건축물이 아닌 이제는 한 줌의 흙으로 돌아간 그들이 있었다는 공간으로 나에게 다시 기억되었다.

멀리 보이는 콜로세움으로 나와 아이

날이 개고 콜로세움을 나와서는 콘스탄티누스 개선문을 지나 바로 옆 포로 로마노로 향했다. 포로 로마노가 한눈에 내려다보이는 팔라티노 언덕에서 그 모습을 찬찬히 바라보았다. 팔라티노 언덕은 로마의 건국 시조인 로물루스, 레무스 형제가 나라를 세운 곳이라 알려져 있다. 이탈리아 독재자였던 무솔리니로 인해 파괴된 적이 있다고 하는데 그래도 이렇게 보존되어 우리의 눈에 담겨 주었다. 흐렸던 날씨에서 구름이 개고 밝은 햇살이 등장해 걷는 내내 화창한 기운을 얻고 반짝이는 유적을 카메라에 담았다. 겨울철이지만 날이 좋아져 따뜻하게 다닐 수 있었다. 그늘이 없어서 여름에는 오후에 절대 다니지 말라고 하는 구역이지만 지금은 겨울이라 오히려 시원함을 느끼며 다닐 수 있었다. 티투스 황제 개선문, 바실리카, 베스타 신전, 원로원, 카이사르가 화장되었던 곳 등 수많은 유적이 즐비한 곳이 포로 로마노라서 이곳에만 서 있어서도 오래전 로마 공화국과 제국의 번성했던 시절에 와 있는 듯한 기분이 들었다. 각 건물을 찾아보고 이름을 확인하면서 이런 폐허 유적은 손바닥을 대면 그때 모습을 들려주는 듯하여 그 옛날의 영화를 반추해보기 좋았다.

포로 로마노에서 아내와 아이

어느덧 오후 2시가 넘어가 허기가 져서 근처 식당을 찾아갔다. 마르게리타와 풍기 피자, 치킨 샐러드를 주문해 먹었다. 무작정 보이는 곳이라 찾아갔는데 관광지라 그런지 안에는 이미 사람들이 많이 있었다. 얇고 먹기 좋은 피자와 담백한 샐러드를 먹고 나와서 후식으로 가는 길에 발견한 젤라토 가게에서 저렴하고 양도 많은 딸기, 누텔라 젤라토를 먹었다. 그 뒤 라테라노 성당으로 걸어갔는데 가는 길에 길에서 거대한 비눗방울을 만들어 날리는 사람, 행위 예술을 하거나 락카로 콜로세움을 그리는 사람들 등 많은 예술가를 만나게 되어 아이가 무척이나 좋아해 구경하면서 가는 재미가 쏠쏠했다. 작은 돌들이 다닥다닥 붙어있는 보도를 한참 걸으며 평화로운 로마의 가정집들을 지나 라테라노 성당에 도착했다.

우리 부부는 가톨릭 신앙이 있는 것은 아니었지만 천주교에 관심이 많은 나에게는 꼭 와보고 싶은 성당이었다. 산 조반니 인 라테라노 대성당은 전 세계 가톨릭의 중심이 되는 곳으로 바실리카(Basilica)라고 불리는 급이 가장 높은 4개 성당 중 하나이다. 성 베드로 대성당이 가장 유명하지만 이 성당은 로마 주교인 교황이 거주하는 곳이라 가톨릭 세계에서는 어머니 성당으로 중심이 되는 곳으로 알려져 있다. 성당 안의 넓은 예배당은 이미 수많은 사람이 빽빽하게 모여 앉아 엄숙한 미사를 보고 있었다. 이탈리아 사람들만이 아니라 전 세계에서 모인 사람들로 보였다. 아내와 아이는 의자에 앉아 쉬고 나는 여기저기 돌아다니며 구경을 했다. 성당 밖을 나오니 다시 비가 내리기 시작했다. 아이가 잠들어 안고 가는데 팔이 너무 아파서 근처 보이는 카페에 들어가서 잠시 쉬기로 했다. 나와 아내는 카페 라테를 주문하고 휴식을 가졌는데 아내는 핸드폰 데이터가 없어서 안절부절이었다. 나는 예전에 결혼하기 전 배낭여행을 할 때 지도만 보고 다녀서 이렇게 알지 못하는 가게에 들어와서 먹어보는 것도 경험이라고 이야기해주었다.

아이를 깨우고 비도 그쳤길래 콜로세움 야경을 보기 위해 나갔다. 커피 값은 테이블에 두고 나왔는데 여행 다니면서 우리나라와 달라서 어색했던 점은 카운터에서 값을 지불하지 않고 종업원이 와서 영수증을 주면 테이블에 놓고 종업원이 가져가는 식이거나 이렇게 테이블에 두고 바로 나오는 건데 익숙하지 않아서 두고 나올 때에도 이렇게 해도 되나 하는 생각이 들긴 했다. 콜로세움 야경은 낮에 봤을 때와는 다른 분위기를 풍겼다. 수많은 조명으로 인해 황금색 빛이 나는 콜로세움은 21세기인 지금 과거로 가는 타임머신으로 느껴졌다. 호젓하게 감상하는 가운데 어두운 밤 중에 자꾸 우리에게 말을 거는 사람이 있어서 조금 긴장되기도 해서 애써 무시한 채 그곳을 빠져나왔다.

멋진 사진을 여러 장 남기고 숙소로 돌아오는 길에 마트에서 내일 아침에 먹을 빵과 아이 간식을 샀다. 오는 길에 아이가 갑자기 앞에 가는 사람에 대한 외모를 이야기해서 깜짝 놀랐다. 나이가 어려서 생각한 대로 바로 본인의 생각을 이야기했겠지만, 이걸 다른 사람이 들을 수 있고 실례이기 때문에 상대방에게 실례되는 말을 하지 않도록 교육했다. 아이는 부모의 거울이기에 항상 조심해야 한다는 것이 느껴졌다. 숙소에 돌아와서는 저녁 식사로 바질 페스토 파스타, 햄과 버섯볶음, 샐러드를 차려 냈다. 다들 맛있게 먹고 아내는 와인을 마시며 분위기를 내보았다. 후식으로 다 같이 요거트와 팝콘을 먹으며 오래 걷느라 고생한 두 다리를 다독였다.

포로 로마노

산 조반니 인 라테라노 바실리카

피자, 피자, 피자

2019년 1월 20일(14일째)-나폴리

로마에서 맞이하는 이튿날 아침이다. 10시 기차를 타기 위해 먼저 일어난 나는 치아바타, 요거트 파운드와 에스프레소, 오렌지 주스로 식사를 준비하고 다 같이 먹은 다음 테르미니 역으로 향했다. 이제는 기차 타는 것이 익숙해서 바로 기차가 대기하고 있는 플랫폼에 가서 자리를 찾아 앉았다. 나는 눈을 좀 붙이고 아이는 뽀로로를 보면서 나폴리로 갔다. 진정한 이탈리아 피자를 맛보기 위해 피자의 고향 나폴리에서 오늘 하루를 보내기로 했다.

이탈리아는 남북의 경제 문제가 심각한 수준이다. 당장 수도인 로마도 로마제국의 유산과 바티칸으로 세계적인 관광도시의 명성을 갖고 있긴 하나 북부 이탈리아의 밀라노보다 경제 규모는 한참 밑이다. 더군다나 로마 밑으로 남쪽에 있는 도시들은 그 문제가 커서 북부에 비해 소득 수준도 낮고 소매치기도 많아 나폴리역에 도착해 거리로 나왔을 때부터 아이 손을 꼭 잡고 걸었다. 마피아가 유명하다고 해서 나폴리의 대로를 걸었을 때보다 골목길을 걸었을 때 그러한 긴장감 때문에 아이를 더 챙겼는데 운이 좋았던 건지 사실 아무 일도 일어나지 않았고 보통 사람들이 사는 진짜 이탈리아를 만나서 좋은 기억으로 남아있다.

나폴리 시내에서는 폼페이를 멸망시킨 그 유명한 베수비오 화산이 보이는데 우리는 폼페이를 가려던 것이 아니고 나폴리 피자가 주목적이었기에 우리가 생각해 놓은 식당을 향해 부지런히 걸었다. 나폴리라는 지명은 그리스 식민국가 네아폴리스에서 왔다고 전해지는데 이견이 조금 있다. 그리스 식민도시로 알려졌지만 에트루리아에 속한 도시가 되었고 이후 로마 왕국의 일원으로, 이어진 로마 공화국과 제국에서도 로마의 일원으로 있었다. 그러다 서로마 제국이 멸망하고 난 다음 동로마 제국의 영역이 된다. 그 후 시칠리아 왕국에 속하게 되고 프랑스에 점령이 되는 등 다른 이탈리아 도시들처럼 복잡한 시기를 보내다가 가리발디에 점령당해 통일 이탈리아 왕국에 속하게 되었다.

나폴리로 가기 전 테르미니역

좁은 골목길에 걸린 빨래들을 구경하면서 몇 블록을 지나 찾아냈던 디 마테오 피자 가게에 도착했는데 영업을 안 해서 아내와 나는 허탈한 심정이 들었다. 음식 중에 국수와 더불어 피자를 가장 좋아하는 나로서는 정말 아쉬웠다. 이런 음식 스타일을 아는 아내도 나를 보며 같이 아쉬워했다. 나폴리에 온 것 자체가 사랑하는 피자를 맛보기 위해서였는데 어디를 갈지 하고 생각하다가 길게 줄이 선 가게를 발견하곤 그 대열에 합류했다. 가게가 만석이라 기다리는데 마침 비가 내리기 시작했다. 비를 피하려 처마 밑에서 웅크리고 있길 30분이 지나 드디어 자리가 나서 안내받아 자리에 앉았다. 자리에 앉아서도 이미 온 손님들 때문에 피자가 나오기까지는 30분을 더 기다렸다. 나폴리의 화덕 피자를 만나기가 생각보다 쉽지 않았다.

피자는 마르게리타, 디아볼로, 4가지 맛 피자를 주문해서 총 3판이 나왔다. 나폴리 피자는 피자의 본고장으로 그 명성을 보존하고자 피자의 크기, 화덕의 종류와 열기, 토마토 및 도우 등 여러 규정이 있어서 이에 부합되어야 나폴리 피자라는 보증서를 정부가 발급해준다. 이탈리아 정부 지침에 따르면 피자 도우는 쫄깃하고 부드러우며 쉽게 접혀야 한다. 그리고 반드시 장작 화덕으로만 구워야 하고 온도는 485도이고 형태는 둥근 원의 모양을 하고 있어야 한다. 반죽은 손으로만 해야 하고 크러스트 두께는 2cm 이하로 만들어져야 한다. 또 피자 가운데의 두께가 0.3cm를 넘어서는 안되고 토핑은 오로지 토마토소스와 치즈만을 사용해야 한다. 주문한 마르게리타 피자는 나폴리 피자 중 가장 대표적인 피자로 1889년 나폴리를 방문했던 국왕 움베르토 1세의 아내인 마르게리타 왕비에게서 이름이 나왔다. 토핑이 이탈리아 국기의 3가지 색을 상징하는 녹색, 흰색, 붉은색을 상징하는 바질, 모차렐라 치즈, 토마토소스로 사용하기에 이탈리아 민족주의자들도 환영하며 심플하면서 신선한 이 피자가 엄청난 인기를 끌었다.

인생 피자

마르게리타 피자를 한 조각씩 맛본 나와 아내는 두 눈을 크게 치켜 떴다. 한 입 먹고 놀라워 다시 한 입을 먹고 이내 한 조각을 금세 먹어 치웠다. 분명 단순한 도우와 토마토, 치즈의 맛인데 토마토가 삼삼하면서 신선한 풍미를 가득 담고 있어서 잘 어우러졌고 치즈도 고소하고 특유의 쫄깃한 맛을 담고 있었으며 바질의 알싸한 맛이 피자의 식감을 극대화해주었다. 매콤한 맛을 좋아하는 아내를 위한 디아볼라 피자도 신선한 도우, 치즈와 함께 입안을 감도는 매운맛이 기분 좋은 강렬함을 가져다주었고, 아이를 위해 주문한 4가지 맛 피자도 버섯, 햄 등이 풍부하게 들어가 또 다른 즐거운 식감을 가져다 주었다. 어디서도 먹을 수 없는 오리지날의 참 맛에 배가 불렀지만 피자들을 싹 비워냈다.

아름다웠던 나폴리 항

만족스러워 팁과 함께 식사를 마치고 가게를 나와 스파카 나폴리 거리로 나왔다. 다행히 비가 그쳐서 우산이 없던 우리로서는 걸을 때 나폴리의 정취를 여유 있게 바라볼 수 있었다. 차 한 대가 겨우 지나가는 좁은 골목 사이로 널린 빨래, 로마 시대부터 있었던 도무스들을 바라보며 나폴리 사람들의 정취를 느껴보고 바다를 향해 걸었다. 익숙한 항구의 풍경 앞에는 카스텔 누오보 성이 자리 잡고 있었다. 이 성은 앙주의 샤를 1세가 시칠리아 왕이 된 후에 지어진 성으로 1282년에 완공되었다. 중세 왕가의 공간이자 요새로서 역할을 했던 이 성을 관람하고 싶었지만 마침 휴관이라 앞에서 사진만 찍었다.

세계적인 미항(美港)이라고 알려진 나폴리 항구에 대해 더 접근하고 싶어 다리가 아프다고 칭얼대는 아이를 목마 태우고 걸어보기로 했다. 골목을 돌아 산 카를로 극장, 나폴리 왕궁과 광장을 돌아 항구로 나갔다. 산 카를로 극장은 지금도 공연이 활발하게 진행되는 극장으로 1737년 완성되어 세계적으로 유명한 오페라 극장 중 하나이다. 로시니, 베르디, 푸치니 등 유명 오페라 작가들이 이곳에 작품을 올렸다. 계속 걸어 나가니 바다가 보이기 시작했다. 멀리 흐리게 보이는 베수비오 화산과 마을들, 방파제와 흔들리는 파도가 아름다운 산타루치아임을 말해주는 듯했다. 그 풍경을 바라보면서 나폴리의 민요를 귓가에 담아보며 잠시 그 순간을 즐겼다. 그리고 지하철을 타고 다시 나폴리역으로 돌아왔다. 짧았던 나폴리 기행을 마치고 1시간을 달려 5시 30분이 지나 로마 테르미니역에 도착했다. 아이는 이미 잠에 깊이 잠들어 안고 오다가 팔이 너무 저려 자고 있는 채로 목마 태워 숙소로 돌아왔다. 그리고 아이를 깨워 씻기고는 저녁으로 버섯과 베이컨으로 간을 한 오일 파스타를 만들어 먹었다. 아이는 맛있는지 끝까지 한 접시를 다 비워냈다.

나폴리 피자

나폴리 거리

구원에서 가장 가까운 곳, 바티칸

2019년 1월 21일(15일째)-바티칸

다시 영원한 도시 로마에서 아침을 맞이했다. 나와 아내가 기대한 바티칸에 가기 위해 서둘러 아침을 먹었다. 언제나 파운드 케이크, 치아바타, 커피와 에스프레소, 우유와 오렌지 주스 그리고 과일로 배를 채우고 밖으로 나와 지하철 역으로 향했다. 테르미니역에서 A선을 타고 옥타비아 역으로 가는데 출근 시간이라 그런지 전철은 사람들로 꽉 차 있었다. 역에서 나와 가는데 바티칸 미술관 표 예약시간이 10시라서 늦을까 봐 빠르게 걷다가 나중에는 뛰다시피 가서 미술관 입구를 찾아 바우처를 표로 바꾸고 한숨 돌렸다. 입장은 대기 없이 바로 들어갈 수 있었다. 화살표로 안내가 되어 있어서 쉽게 방향을 따라 관람할 수 있었다.

바티칸 미술관 복도에서

바티칸 미술관은 성 베드로 대성당과 가까운 곳에 있는 미술관으로 단독 건물로 있는 것은 아니고 시스티나 경당을 비롯한 바티칸 여러 갤러리를 묶어서 부르는 말이다. 일반인들에게는 1773년인 클레멘스 14세 때 개방되었다고 전해진다. 역대 로마 교황들이 모은 수집품과 선물 받은 작품, 고문서와 자료 등으로 방대한 양을 자랑하고 미켈란젤로와 라파엘로 등 화가들이 그린 작품이 유명해 꼭 와야 하는 장소이다. 이 미술관이 있는 바티칸은 알다시피 로마 안에 있는 세계에서 가장 작은 국가 중 하나로 일컬어진다. 가톨릭의 중심이자 교황청이 있는 곳이고 교황을 국가원수로 하는 소위 말하자면 신정국가로서 교황이 전권을 가지고 있어 전제군주제라고 볼 수 있다. 하지만 재미있는 것은 세습되지 않는 전제군주라는 것이다.

바티칸의 크기는 우리나라로 치면 경복궁보다 조금 큰 정도이고 창덕궁보다는 약간 작은 정말 몇 시간 안에 둘러볼 수 있는 작은 나라이다. 하지만 그 면적에 대비해 세계사에 끼친 영향과 남아 있는 유물, 유적은 어마무시했다. 인구는 추기경 포함해 800명 정도라고 하는데 실제로 살고 있는 사람은 300명이 채 되지 않는다고 했다. 로마에 둘러싸여 있지만 엄연히 독립국으로 우표를 따로 발행하기에 우표수집가들에게 바티칸 우표는 인기가 높다. 바티칸(Vatican)이라는 지명은 이곳이 있는 바티칸 언덕에서 유래했다고 한다. 특이하게도 가톨릭 추기경이 되면 자동적으로 바티칸 시민권을 얻게 되니 신정국가다운 신기한 점이었다.

이곳의 여러 작품 중 대표작을 몇 가지를 꼽자면 먼저 라오콘 조각 상이 있다. 복제품을 우피치 미술관에서도 봤는데 높이가 2m가 넘는 거대한 조각상은 라오콘과 그 두 아들을 표현하고 있는데 이곳 바티칸에 있는 것이 진품으로 굉장히 유명했다. 신화에 따르면 트로이의 제관이었던 라오콘은 트로이 전쟁 당시 그리스의 트로이 목마가 성 안으로 들어오는 것을 반대했기 때문에 포세이돈이 보낸 큰 뱀들에게 아들들과 함께 살해당한다. 그 고통이 표현된 조각상으로 유명한데 이 미술관에 소장되어 있다.

그리고 아테네 학당은 라파엘로가 20대 젊은 시절 사도 궁전 내부의 방 중에서 서명의 방에 그린 프레스코 벽화가 유명했다. 이 방은 지금 라파엘로의 방으로 알려져 있다. 이 방에는 철학, 신학, 법, 예술을 테마로 한 그림들이 있는데 그중 철학을 주제로 한 그림이 '아테네 학당'이다. 벽 위쪽에 그려진 그림인데 모두 54명의 철학자가 표현되어 있고 찾아보면 라파엘로도 등장한다. 고대 철학자들을 모아 놓은 상상화로서 유심히 보면 철학자들의 사상과 특성을 알 수 있는 포즈로 그려져 있기에 찾아보는 재미가 있다. 중앙에는 아리스토텔레스와 플라톤이 있고 디오게네스, 소크라테스, 유클리드, 에피쿠로스, 제논, 피타고라스, 히파티아 등 유수의 지식인들이 한 공간에 있었다. 미술에 관심 없는 사람이라면 잘 모를 '성체의 논의'도 이 방에 있었는데 신학을 주제로 한 이 그림은 성경의 인물들이 표현되어 있으며 하나님의 영광을 잘 드러내고 있다.

그다음 시스티나 성당의 천장화로 천재 조각가로 알려진 미켈란젤로의 천재성이 회화에서도 유감없이 나타난 작품이다. 1508년 교황율리우스 2세의 명을 받아 만든 천장화는 천지창조로 우리에게 알려져 있다. 4년에 걸쳐 제작이 되었는데 천장이기 때문에 누워서 떨어지는 물감을 맞아가며 그렸다고 한다. 팔과 목, 허리가 뒤틀리는 고통이 있었고 그로 인해 병도 얻었지만 오로지 혼자서 이 작품을 완성한 것이다. 시스티나 성당 안으로 들어와서 고개를 들면 이 광경에 말이 안 나온다. 그저 멍하니 바라만 볼 뿐 신과 인간의 위대한 작품에 대해 무언가 덧붙일 말도 생각나지 않았다. 가장 유명한 장면은 아담을 창조하는 그림과 아담과 이브를 추방하는 그림인데 창세기의 이야기가 담겨 있는 그림이라 성경 내용을 알고 있는 사람이 유심히 본다면 그 스토리를 찾을 수 있다.

마지막으로 미켈란젤로의 시스티나 성당 벽화인 '최후의 심판'이 있다. 1533년 클레멘스 7세로부터 명을 받았는데 사코 디 로마 이후 폐허가 된 로마를 살리기 위한 작품으로 1541년 완성되었다. 총 391명의 인물이 등장하는데 가장 위 중앙에 있는 예수 그리스도를 중심으로 천국에서 지옥까지 표현한 그림이다. 처음에는 다 나체로 그려져서 직접 본 사람들이 경악을 금치 못했다고 한다. 그래서 미켈란젤로의 작품성에는 이견이 없지만 1564년 공의회에서 인간의 모습을 가려야 한다고 하여 생식기 부분은 덧칠해져 지금에 이르렀다. 덧칠은 미켈란젤로가 하지 않았고 그의 제자였던 볼테라가 했다. 작업 당시 미켈란젤로는 자신의 작품에 딴지를 걸던 추기경이 못마땅해 지옥에 있는 수문장에 그 얼굴을 그려버린다. 교황은 천사로 표현되었고 미켈란젤로 본인은 사도 바르톨로메오가 들고 있는 사람 가죽의 얼굴로 표현되어 있다. 미켈란젤로의 작품이 도배되어 있는 시스티나 성당은 언론에도 자주 알려진 성당으로 교황이 서거한 이후 새로운 교황을 선출하기 위한 콘클라베가 열리는 곳으로도 유명하다. 이 기간 동안 시스티나 성당은 외부와의 출입을 엄격히 금하고 폐쇄하여 새로운 교황이 선출될 때까지 추기경들은 투표를 진행한다. 천사가 그린 듯한 하늘의 작품에 수많은 사람이 천장과 벽을 보며 입을 다물지 못했다.

성 베드로 대성당에서

수많은 작품을 둘러보다가 잠깐 미술관 안에 있는 카페에서 커피와 빵으로 잠시 쉼표를 찍고 다시 미술관 구경을 한참 하고 난 뒤 우리는 성 베드로 대성당을 향해 발걸음을 옮겼다. 가는 길에 역시 빠질 수 없이 딸기, 크랜베리, 커피 젤라토를 사서 먹으며 걸었다. 다소 빗줄기가 가늘게 내렸다 멈추다를 반복했는데 TV 화면으로만 보던 오벨리스크와 거대한 기둥들이 서 있는 광장이 나오며 산 피에트로 대성당, 우리에게는 성 베드로 대성당으로 불리는 곳이 모습을 드러냈다.

가톨릭의 총본산으로 바티칸 자체를 상징하는 이 대성당은 입장을 기다리는 사람들로 줄이 길게 늘어져 있었다. 그래도 겨울이라 그런지 그렇게 오래 기다리지 않고 검문 검색을 통과한 후 안으로 들어갈 수 있었다. 미켈란젤로가 설계했다고 알려진 거대한 돔은 성스러운 신의 자리라는 것을 확인시켜 주었다. 사실 가톨릭에 있어서 로마 교구의 주교좌성당은 전에 갔던 라테라노 대성당이지만 교황의 주요한 업무나 미사, 의식이 성 베드로 대성당에서 행해지기 때문에 대중적으로 이 성당이 가장 많이 알려져 있다.

명칭의 주인공인 베드로는 예수의 12 사도 중 으뜸을 차지하는 제자로 예수에게 천국으로 가는 열쇠를 건네받은 자이고 예수를 하나님의 아들이며, 우리 구세주 그리스도라고 칭한 인물이기도 하다. 그래서 베드로의 상징은 열쇠가 되어 성화를 보았을 때 열쇠를 가지고 있다면 십중팔구 베드로이다. 성경에는 예수가 베드로에게 '너는 베드로이다. 이 반석 위에 내 교회를 세울 터인즉, 죽음의 힘도 감히 그것을 누르지 못할 것이다.'라고 말했기에 베드로는 예수의 으뜸 제자이면서 초대 교황으로 추대한 근거가 된다. 물론 개신교에서는 이와 해석이 다르다. 교황이라는 명칭 자체가 초기 크리스트교 즉 동서 로마 분리로 인해 주요 5개 교구 중 서로마에 로마 총대주교만 있을 당시 서유럽을 관장하는 대주교로서 그 명칭을 부른 가톨릭이기에 동방정교회, 후대에 나온 개신교는 해석이 달랐다.

예수가 체포되었을 때 자신을 부정할 거라 예수는 예언을 하였고 정확히 베드로는 그렇게 3번 예수를 부정하게 되는 인물이다. 그 외 인간적인 감정을 다스리지 못한 부분이 여럿 등장하지만 끝내 예수에 대한 믿음을 지키며 로마에서 십자가형으로 사형당하게 된다. 그때 예수와 같은 모습으로 죽을 자격이 없다 하여 거꾸로 매달려 죽임을 당한다. 화려하고 장엄한 내부에는 성 베드로의 의자가 있는데 이는 베르니니가 제작한 작품으로 베르니니는 성 베드로 광장을 설계한 인물이다. 광장은 열쇠 모양으로 만들어 그의 천재성을 부각했다.

로버트 랭던의 소설 '천사와 악마'의 주 무대가 되는 바티칸의 이 거대한 성전을 짓기 위해 120년의 시간이 걸렸고 이를 거쳐 간 교황은 21명이나 된다. 세계사나 종교사에 중요한 사건이 이로 인해 일어나는데 바로 종교개혁이다. 감당할 수 없는 대성당 건축 비용으로 인해 교황은 면벌부를 돈을 받고 남발하기 시작했고 이로 인해 가톨릭에서 개신교가 갈라지고 가톨릭도 역시 자체 개혁을 통해 쇄

269

신에 들어갈 수밖에 없었다. 이 오랜 시간 동안 거쳐 간 감독관들이 많았는데 브라만테, 라파엘로도 거쳐 갔으며 설계 수정도 많이 되었다. 그리고 르네상스 최대의 건축물에 대한 완성은 미켈란젤로가 방점을 찍는다. 이미 나이가 70세를 넘겨 고령이었던 미켈란젤로는 돔을 비롯한 주요 부분을 진행 시키고 17년이나 일하다가 사망한다. 그 후 미켈란젤로의 설계를 기본으로 한 채 진행되는데 그 마무리를 한 사람이 베르니니로서 그는 성 베드로 광장을 닦으며 기둥 284개와 역대 교황과 성인들의 성상 140개로 완벽하게 완성했다.

바티칸 전경

정신없이 구경을 하고 있자니 어느새 아이와 아내와 떨어져 버렸다. 다시 입구 쪽으로 돌아가 만났는데 성탄절을 맞아 세워 놓은 요셉, 마리아, 아기 예수와 동방 박사들 모형에서 기다리고 있었다. 여기까지 왔으니 바티칸 정상에 올라 전경을 바라보자고 해서 다 함께 쿠폴라(돔)에 올라가기로 했다. 너무 높기 때문에 무리하지 말고 엘리베이터를 탔지만 우리의 체력 보강을 위해서였는지 좁디좁은 계단 길이 남아 있었다. 그렇게 계단을 올라 무사히 돔 밖으로 나가니 바티칸과 로마 시내 전경이 눈앞에 파노라마처럼 펼쳐졌다. 한눈에 들어오는 그 광경을 눈에 담고 내려와 산탄젤로성을 거쳐 점심을 먹으러 갔다.

산탄젤로성 앞에서

산탄젤로성은 본래 로마 황제 하드리아누스가 만든 자신의 영묘이지만 후에 교황의 성채로서 역할을 하게 된다. 그래서 로마에게 무슨 일이 벌어지면 교황은 산탄젤로성에 피신해서 목숨을 구하기도 했다. 가는 길에 보이는 식당으로 들어가 늦은 점심을 먹었는데 마르게리타 피자와 엔초비 피자를 주문했다. 아이가 종업원에게 처음으로 스스로 사과 주스를 주문해서 맛보았다. 친절한 종업원의 응대에 기분 좋은 식사를 마치고 나보나 광장을 지나 판테온으로 갔다.

하드리아누스 황제 때 세워진 신전으로 로마의 모든 신에게 바쳐진 판테온은 아우구스투스의 참모이자 친구로 알려진 아그리파가 본래 만들었으나 후에 하드리아누스가 신축한 건물이다. 그래서 아그리파를 기리고자 앞에 아그리파가 세웠었다는 글귀가 적혀있다. 수많은 문화재가 남아 있는 로마에게 가장 오래되고 완벽하게 보존된 건물이면서 가장 돔 건축의 원형을 오롯이 보여주는 고대 로마 건축의 진수라고 할 수 있다. 밖에서 볼 때는 잘 몰랐는데 안에 들어가니 그저 공간 그 자체의 모습을 보여주는 듯하여 감탄을 자아냈다. 중앙에 뚫린 원이 있었지만 그때 가늘게 흩날리던 비도 들어오지 않는 공간으로 이러한 돔 건축은 로마제국의 위대함을 보여주기에 충분하고 로마 건축을 대표하는 양식이 된다. 후대 많은 건축물에 영향을 주는데 이 기술을 따라잡고 싶었던 후대 유럽인들은 판테온의 건축 기술은 물론 콘크리트 배합도 알지 못해 악마가 만들었다며 놀라움을 감추지 못했다. 서로마 제국 멸망 이후 실전된 로마제국의 기술이 그만큼 많다는 뜻이겠다. 이 만신전은 나중에 성당으로 변해 지금까지 온전히 보존되었는데 지금은 판테온이라는 이름을 되찾고 로마를 찾는 수많은 관광객에게 자리를 내주고 있다.

이제 해가 완전히 져서 가로등 불빛만이 로마의 거리를 밝히는 가운데 비가 추적추적 내리기 시작했다. 비를 맞으며 마지막으로 마르쿠스 아우렐리우스 원주를 지나서 트레비 분수로 향했다. 이 원주는 아우렐리우스를 기리는 탑으로 본래 황제의 청동상이 기둥 꼭대기에 있었으나 지금은 사도 바울로 바뀌었다 한다. 1762년에 완공된 트레비 분수는 비까지 내리는 밤이었지만 많은 사람이 모여 로마에 다시 오기를 빌었다. 바로크 양식의 분수로 로마에서 가장 큰 분수는 로마 하면 제일 먼저 떠오르는 유적 중에 하나이다. 트리톤이 이끄는 전차 위에 바다의 신 넵튠이 거대한 조개를 밟고 서 있는데 이 분수가 유명한 것은 첫 번째 동전을 던지면 로마에 다시 오고, 두 번째 동전을 던지면 사랑하는 사람과 함께 올 수 있다는 이야기 때문이다. 그래서인지 분수 안에는 작은 동전들이 바닥에서 무수히 반짝거리고 있었다. 아이도 동전 하나를 들고 다시 오기를 소망했다.

숙소로 돌아가는 길은 잠을 자고 싶어 하는 아이를 목마 태우고 내리는 비를 맞으며 걸어갔다. 우리는 마지막 밤을 위해 마트에서 로제 와인 1병과 이탈리아 선물을 많이 샀다. 숙소로 돌아와서는 남은 식재료를 모두 털어서 토마토 파스타를 만들고 로제 와인을 기울이며 로마의 밤을 기념했다.

성 베드로 대성당

판테온

다시 오고픈 로마

2019년 1월 22-23일(16-17일째)-로마 시가지

로마의 마지막 아침이 밝았다. 오늘은 우리나라로 돌아가는 날이기 때문에 오전에 특별한 일정을 잡지 않았다. 하지만 10시에 체크 아웃을 하기 위해 일찍 일어나 부지런히 짐을 쌌다. 한국에서 가져온 짐 중에서 사용한 것들과 낡은 바지 2개는 버리고 여행 중에 산 기념품들을 상하지 않게 빨랫감 사이사이에 잘 끼워서 귀국 캐리어를 완성했다. 아침 식사로 준비한 마지막 빵과 따뜻한 커피, 우유, 오렌지 주스로 마무리하고 우리 집 같았던 로마 숙소에서 나왔다.

일단 테르미니 역에 짐을 맡기고 공항으로 가는 기차표를 예매하려고 자동 매표기로 갔다. 표를 끊으려고 기계 앞에 섰는데 갑자기 어떤 할아버지가 다가와서는 친근하게 말씀하시며 뭘 눌러야 하는지 알려주시고 설명도 해주셨다. 표가 나오고 잔돈으로 22유로가 나왔는데 그 할아버지가 갑자기 돈을 요구하는 것이었다. 나와 아내는 어리둥절하면서 놀랐다. 아내 혼자였으면 그냥 줬을 수 있겠지만 나는 왜 줘야 하는지 이해가 가질 않아서 그렇게 하지 못하겠다고 전했다. 친절을 돈으로 사려는 것 같았는데 그런 호의는 필요하지 않았다.

칸피톨리오 광장에서 나와 아이

시간이 조금 남아 못 가본 캄피톨리오 언덕을 가보기로 했다. 거리
가 멀어서 버스를 타고 가기로 했는데 로마의 버스에는 표를 확인하
는 사람도, 표를 내고 확인받는 승객도 없었다. 울퉁불퉁한 도로 돌
바닥이 이 도시의 역사를 말해주는 듯했다. 리듬을 느끼며 캄피톨리
오 언덕 앞에 도착해서 내렸다. 캄피톨리오 언덕은 로마의 7개 언덕
중 하나로 가장 높은 언덕이다. 영어의 캐피털(Capital), 즉 수도의
뜻이 이 캄피돌리오의 라틴어 이름인 카피톨리누스에서 유래했다.
미켈란젤로가 1537년 설계한 광장은 바닥이 사다리꼴 모양을 하고 있는 검은 대리석으로 조화미를 보이는 광장으로 그 자체가 훌륭한 예술품이다.

칸피돌리오 광장

광장을 지나 다시 한번 트레비 분수에 가보기로 했다. 트레비 분수는 전날 밤에 봤을 때와는 다르게 아쿠아 블루로 가득 찬 물줄기가 우리를 맞이하고 있었다. 저녁에 왔을 때와는 또 다른 느낌이었다. 우리 주변에 있는 많은 관광객이 다시금 로마에 오길 바라며 소원을 빌고 있는듯 했다. 언제 올지 모를 로마를 기약하면서 기차역으로 돌아가는 길에 허기를 느껴 소박하지만 기억에 남을 만찬을 즐길 곳을 찾다가 이번에는 검색을 하지 않고 길을 걷다가 나오는 가게 중에서 가고 싶은 마음이 들면 들어가기로 했다. 그렇게 로마의 단단한 보도블록을 걷다가 고풍스러운 오스테리아가 보여 들어가 보기로 했다.

트레비 분수

오스테리아(Osteria)는 이탈리아 레스토랑 일종으로 술과 음식을 파는 가게라고 생각하면 된다. 점심을 먹기 위해 무작정 들어와 본 가게였는데 나중에 알고 보니 머라이어 캐리도 다녀갔던 맛집 레스토랑이었다는 것을 알게 되었다. 까르보나라와 봉골레 파스타, 스테이크를 주문했다. 까르보나라는 이탈리아에 와서 한 번도 먹지 못해 본고장의 맛을 느껴보고 싶었다. 크림이 아닌 달걀노른자로 맛을 낸 파스타의 맛이 궁금했다. 센스 있는 종업원 아저씨의 접대에 즐거움을 느끼며 아이도 무척 좋아했고 다들 즐겁게 만족스러운 식사를 마칠 수 있었다.

스페인 광장 계단에서 점프

식사를 마친 후에도 시간이 조금 더 있어서 로마의 휴일에 나온 스페인 광장을 가보기로 했다. 17세기에 교황청 스페인 대사관이 있으면서 이 광장을 스페인 광장이라고 부르게 되었는데 영화 '로마의 휴일'을 보고 왔으면 더 좋았을 거라는 생각이 들 정도로 아름다운 계단 광장이었다. 주인공 오드리 헵번이 여기서 아이스크림을 먹는 장면이 나온다는 데 한국으로 돌아가면 이 영화를 봐야겠다는 생각을 했다. 광장에 있는 바르카차의 분수는 베르니니의 아버지 피에르토 베르니니가 제작했다고 하는데 조각배에서 영감을 받아 제작한 이 분수는 물이 트레비 분수와 마찬가지로 아쿠아 블루 빛을 내며 정말 맑아 보였다.

스페인 광장 바르카차의 분수

스페인 광장에서 지하철을 타고 역 근처로 갔다. 그곳에서 아내 친구가 알려준 젤라토 맛집이 있다고 해서 로마를 떠나기 전 마지막으로 방문했다. 넓은 홀에 수많은 젤라토가 우리를 기다리고 있었다. 무엇을 먹으면 좋을지 고민이 될 정도로 종류가 많았는데 싸고 양이 많으며 거기다가 맛까지 좋은 젤라토가 단돈 1유로 정도라니 기분이 좋았다. 유명한 쌀 젤라토까지 먹고 테르미니 역에서 짐을 찾아 공항 가는 기차를 탔다.

진정한 젤라토를 한입에

로마 피우미치노 공항 혹은 레오나르도 다빈치 공항이라고 불리는 이곳으로 금방 도착해 짐을 부치고 출국 수속을 밟았다. 떠나기 전 가족들 선물을 사며 건넸을 때 좋아할 가족들을 생각했다. 모든 것이 순조로웠지만 이렇게 나와 아내, 아이 셋이서 보낸 여행이 끝나가고 유럽과의 이별이 다가오니 많이 아쉬웠다. 저녁 6시 40분에 출발하는 시간은 점점 다가오고 우리는 인천으로 가는 비행기에 탑승했다. 자리에 앉자 아이는 만화와 게임 할 생각에 기대가 가득했는데 런던을 갈 때 탔던 비행기와 달라서 그런가 담겨 있는 내용이 달라 생각했던 게임을 못하고 다른 게임을 하다가 바깥이 어둑해지니 잠이 들었다. 아이는 아내 무릎을 베고 나한테 다리를 올리고 잠을 잤는데 다리가 저려 온 나는 자다 깨다를 반복했다. 이윽고 10시간이 넘는 비행을 하고 시차 때문에 다음날 오후 2시 35분 인천 국제공항에 무사히 도착했다. 공항에서 나오자마자 아이는 아이에게 있어서 코리안 소울푸드인 소시지를 외쳐서 편의점에서 하나 사 주고 집으로 가는 버스에 올랐다. 다들 집으로 오는 버스에서는 기절하듯이 잠을 잤다. 이렇게 진짜 우리 집에 왔음을 실감했다.

이번 여행을 하면서 우리 부부는 계획하고 진행하려고 했던 부분에 대해 거의 완벽하게 해낸 것에 대해 대단히 자랑스러웠다. 만 4살의 어린아이를 데리고 이곳저곳을 걷고 또 걷고, 택시를 타고 버스를 타고 기차를 타고 이동하며 도시와 도시를 갈 때 아무 사고 없이 다니고 다치지 않은 데에 감사했다. 비록 몇 가지 어설픈 준비로 인한 실수가 있었지만 그에 대해 대비를 하고 다음 여행부터는 더 꼼꼼하게 준비를 하자고 했다. 어른 욕심 때문에 따라왔을 수 있는 아이도 새로운 광경과 사람, 음식을 만나며 기억은 희미하겠지만 우리가 찍은 사진과 영상들을 보며 함께 웃고 이야기할 수 있는 날이 있으리라 본다. 여행 덕분에 우리 가족은 더 끈끈해지고 단단해지는 느낌이었다. 앞으로도 우리 가족의 세상 밖 여행이 계속되고 이야기가 계속되길 기대해본다. 기나긴 여행을 함께 머리를 맞대어 계획하고, 준비하고 또 걸었던 아내와 세상을 보여줄 수 있는 기쁨을 전해 준 아이가 있다는 사실에 감사함을 느꼈다.